明解 統一教会問題

宗教に無関心の人も
宗教者でも
知らなかった事実

櫻井 義秀

興山舎

はじめに

二〇二二年七月八日、安倍晋三元首相が統一教会（現在は、世界平和統一家庭連合と改称）に恨みを持つ一人の青年によって殺害されました。青年の母親は、信者として統一教会に一億円ほどの資産を献金したため、青年は高等教育機関進学の夢を断たれ、海上自衛官として勤務した後、非正規労働を転々として四十代に至りました。自分の人生と家族を壊した統一教会への恨みを募らせます。そして、祖父の岸信介元首相時代から三代にわたって教団と関係を維持し、教団関連の雑誌やイベントに出続けた安倍元首相を殺害する計画を実行してしまったのです。

この事件はテロリズムとして批判されるべきですが、青年は安倍元首相や自民党の政治家に恨みを抱いたわけでもないし、政治的意図もなかったと述懐しています。しかしながら、青年が夢想した統一教会への打撃は現実のものとなりました。事件後約半年間、統一教会が行った霊感商法や高額献金の強要、統一教会と自民党との癒着、青年と同じような苦境に置かれた二世信者の問題がマスメディアによって報じられ、国民的な関心を集めたのです。そして、統一教会批判が一気に高まり、及び腰の政府を突き動かして、「法人等による寄附の不当な勧誘の防止等に関する法律」が約半年で成立し、違法な勧誘の基準と罰則規定が設けられました。また、厚生労働省は、「宗教の信仰等に関係する児童虐待等への対応に関するQ＆A」を全国の自治体や児童相談所に示し、宗教二世への対応を促しました。

そうした動きがある最中の二〇二三年十月十三日、文部科学省が、統一教会の解散命令を東京地方裁判所に請求しました。安倍元首相の殺害事件がなければ、統一教会問題への対応がこれほどのスピードでなされることはなかったでしょう。三十年近くこの問題に対応してきた全国霊感商法対策弁護士連絡会も世代交代し、二十代後半で霊感商法の調査研究を始めた私が六十代になってしまったのです。現在の状況はまさに隔世の感があります。

しかしながら、問題解決に伴走しながら調査研究をなしてきた大学人として、このような形での問題解決には複雑な心境を吐露せざるを得ません。一つは、青年のテロリズムによって問題解決が進められてきたことにあります。これは明らかに民主主義の敗北なのです。つまり、社会問題は、一個人の行動主義によってではなく、問題を告発する当事者と支援者が司法の判断を仰いだり、政治や行政に働きかけたりする地道な運動を継続することによって解決されるべきなのです。もう一つは、私も関わってきた統一教会の被害者支援や批判的な研究によっては、テロリズムを夢想した青年を救うことができなかったという悔恨です。統一教会を離れた元信者や二世信者の話を聞き、お互いに勇気付け合うことができるような居場所作りがまだまだ不十分だったのです。

悲劇をここまでで食い止めたい。そのためには当事者や支援者をさらに支援する輪を拡大していくことが重要です。統一教会問題をきっかけとして、宗教家族における生きづらさを経験する子どもや青年たちを支援しようという専門職の認識も少しずつ高まってきました。

しかしながら、一部の専門家や奇特な支援者だけがサポーターでは長続きしません。私はここに、小学校や中学校、高等学校の教師、一般のカウンセラー、宗教者と一般市民に加わってほしいと念願しています。そのためにも、当事者が自身の経験を一般的な社会問題として語り直せるように統一教会問題をしっかり学んでほしいと思っているのです。支援者もまた問題状況をよく知るためにも、統一教会＝キリスト教の異端・新宗教＝カルト団体といった紋切り型の批判をする前に、この組織は一体どこから生まれて何をしてきたのか、現在の信者は何を考えているのかを知ってほしいと思っています。

事件後、約一年余りの間に統一教会問題に関わる数冊の書籍が刊行されました。しかし、現場を踏んでいる鈴木エイト氏や実際に裁判で統一教会と渡り合っている弁護団の本を除けば、ジャーナリストによるものでも宗教研究者による書籍でも、統一教会の組織戦略の巧みさや信者の宗教的情念の深さに迫り切れていません。

実際に、統一教会について教団資料と裁判資料を閲覧し、日韓の現役信者や元信者に対する調査を長年行って公刊された書籍は、日本では櫻井義秀・中西尋子『統一教会―日本宣教の戦略と韓日祝福』（北海道大学出版会、二〇一〇年、現在第四刷）と、同じく拙著『統一教会─性・カネ・恨《ハン》から実像に迫る』（中央公論新社、二〇二三年）だけです。しかしながら、この中公新書であっても多くの読者には手強く、一気に読み通せるようなものではないとの話も聞きました。この問題に関心のある市民やカルト問題に巻き込まれてしまった人々、あるいは宗教者にとってもっと分かりやすい語り口の書籍が必要とされていることを感じてきました。

そこで、この一年、『月刊住職』に特別掲載の扱いで連載してきた統一教会に関わる論考を再編して、統一教会問題を平明に解説した書籍を作ることを考えました。宗教人であっても、統一教会問題を正確に理解しているとは言えないのではないかと、各処で講演や話し合いの場に参加することで感じてきたからでもあります。

複数の新聞社が日本の主立った教団に、解散命令の請求にかかる教団の認識について考え方を尋ねたところ、回答を拒否するところが少なくなく、回答した宗教法人のうち解散命令の請求について是とするところと否とするところが半々に分かれたという結果が出ています。権力による宗教弾圧と認識している宗教法人もあり、宗教法人法による解散命令の実質やプロセスを正確に理解していないのではないかとも思われます。

なお、「情報収集を進めている」という回答には、宗教者や教団としてこの問題を認識し、自分のこととして対応することが喫緊の課題なのだという意気込みが感じられません。

私は、不遜ながら、宗教界にも宗教リテラシーが求められているのではないかと考えています。この問題に対して宗教者ならではの関心と認識を示すことが、市民からも期待されているのではないでしょうか。統一教会とは何ですか。何が問題なのですか。どうしたらよいのですか、といった質問を受けた際に、この書籍を参考にしていただけるのではないかと思っております。

本書の構成は三部からなっております。

第一部では、統一教会を簡潔に説明します。教祖の来歴、教義、韓国と日本の教団史、霊感商法や高額献金などお金に関わる問題点、合同結婚式と韓国に嫁いだ約七千人の日本人女性信者のゆくえ、韓国の統一教会が日本人に抱く植民地支配の記憶と恨みを順に説明します。

第二部では、安倍晋三元首相殺害事件以降の一年で統一教会への対応がどう進んだのかをメディア報道と政治的・法律的対応から解説します。私はNHKEテレ「こころの時代」の「徹底討論　問われる宗教と〝カルト〟」全五回に出演し、「一　カルト問題の根源を探る」「二　宗教といかに向き合うか」「三　宗教と家庭・性・子ども」「四　信教の自由と法規制」「五　宗教リテラシーをどう高めていくのか」の各回で出演者と語り合いました。これらの番組においてどのように議論が交わされたのか、簡単に要点をまとめ、番組の中では十分に展開されなかった論点を深めております。

また、「法人等による寄附の不当な勧誘の防止等に関する法律」と「宗教の信仰等に関係する児童虐待等への対応に関するQ&A」、解散命令の請求という三つの大きな法律の制定、行政の通達や処分についても要点を解説します。

第三部は、宗教リテラシーを高めるために何が必要なのかを試論として提示します。まず、宗教リテラシーの定義と内容を概説します。そのうえで、現代社会を取り巻く状況からリテラシーを支える見識やセンスとは何かを、AI・ITが万能視される社会の陥穽《かんせい》、占い・スピリチュアリズムの流行、ユーモアや芸術から考え、カルト的世界やカルト的感覚との差異に言及していきます。

筆　者

明解 統一教会問題

宗教に無関心の人も宗教者でも知らなかった事実

目次

装丁　長谷川葉月

第1部

統一教会とはどのような宗教か

1 統一教会の概説

統一教会がどのような宗教であるのかを簡単に説明するのは難しい。そこをあえて概略風に記述してみると、宗教としての教義、教祖の経歴、韓国での教団の歴史、日本の統一教会の歴史、教団組織の構造、カルトやマインド・コントロールの疑惑などから説明することができる。

名称の問題

統一教会の正式名称は、世界基督教神霊統一協会（The Holy Spirit Association of World Christianity）でしたが、韓国では一九九七年に世界平和統一家庭連合（Family Federation for World Peace and Unification）に、日本では二〇一五年に同じく世界平和統一家庭連合に名称変更しました。本書では長年使用されてきた略称の統一教会を用います。韓国でも統一教（통일교）、海外でも略称

(Unification Church) がメディアや学術書でも使用されています。

なお、日本では元々の名称である世界基督教神霊統一協会から「統一協会」を使用した方が、キリスト教会との違いも出るという考え方があるのですが、「教会」はキリスト教に限らず、宗教団体の一般的な呼称として伝統宗教・新宗教で広く用いられているので本書でも教会の用語を用いて問題ないと考えています。

ただし、現在の統一教会が宗教法人の活動にとどまらず、企業体・政治組織・NGOやNPOなどのコングロマリット（複合企業体）的な特徴を持ち、韓国では財閥（チェボル、재벌、Chaebol）と認識されているために、協会（Association）の方がこの集団の特徴を表しているとも言えます。しかし、あまり呼称にこだわらず、通称でいきましょう。

教祖と初期の統一教

教祖の文鮮明《ムン・ソンミョン》は一九二〇年、現在の北朝鮮、平安北道定州郡に生まれ、十六歳でイエスから啓示を受けたということです。十八歳になった文鮮明は故郷定州を離れ、京城（現在のソウル）に出て朝鮮職業講習学院電気科に入学して三年間学んだ後、一九四一年から四三年にかけて早稲田高等工学校電気科に在籍し、卒業後鹿島組で働きますが、終戦後退職してソウルに戻ります。そして、朝鮮職業講習学院時代に関係を持っていたイエス教会の関係者のつてでイスラエル修道院の補助引導師になります。この修道院の責任者は、金百文《キム・ベクムン》といい、二十世紀初頭に韓国で生じたキリスト教復興運動のなかで生まれた神霊集団の系統にあり、李龍道《イ・ヨンド》―白南柱《ベク・ナムジュ》―金百文の師弟関係でつながっています。金百文の著作『基督教根本原理』は、統一教の教典である『原理講論』の内容を含んでいます。

文鮮明は、一九四六年に家族をソウルに残し、平壌《ピョンヤン》の神霊集団を訪ねます。彼はここで金聖道《キム・サンド》―許《ホ・》孝彬《ホビン》―朴雲女《パク・ウニョ》（丁得恩《チョン・ドゥクン》）の系譜に連なる女性シャーマンと関係を持とうとしました。金聖道は自らの精神的病を按手祈祷で癒されてから自らも神霊治療を行うようになり、聖主教会を建てます。彼女は、罪の根は男女の淫行、悲しみの神、再臨主は女性から産まれる、韓国が世界の中心となると教えたと言われています。これもまた統一教会の基本的な神観です。許孝彬は自分の腹に主が入ったといい、信徒たちが主の託宣等が当たることに驚愕したと言われ、この集団は腹中教と呼ばれました。文鮮明は最終的に朴雲女（丁得恩）と関係を持ち、神の血統につながったというのです。

こうした宗教遍歴のさなかに文鮮明は平壌においてスパイ容疑で逮捕され、興南監獄に収容されましたが、国連軍によって解放され、三十八度線を越えて韓国に戻り、一九五〇年の暮れから釜山《プサン》で伝道を再開します。北やソウルからの引き揚げ者でごったがえした釜山に元のイエス教会の関係者が集まり、新たな信者も増えて教会堂を構えるほどになります。一九五三年にはソウルに残した妻子とも再会を果たしますが、妻は女性信者と共同生活を営む夫の行動を理解できず、その後離婚します。

一九五四年から五五年にかけて梨花女子大学校の教師五名と学生十四名が入教を理由に退職・退学

させられ、文鮮明は不法監禁を理由に検挙されましたが、弟子たちのみ有罪で本人は無罪判決をえます。しかし、このスキャンダルの痛手は大きく、統一教の異端的教説や教祖の淫教イメージが定着し、韓国内で勢力を拡大することが難しくなりました。

ところが、統一教にとって教勢を拡大する三つのチャンスが訪れます。

一つは、ソウル大医学部出身の秀才で脊椎カリエスを病んでいた劉孝元《ユ・ヒョウウォン》が入信し、一九五七年に文鮮明の教説を「原理解説」にまとめ、これを増補して一九六六年に『原理講論』として出版します。おそらく彼なしに統一教の教説はまとまらなかったでしょう。文鮮明にはカリスマがあり、数時間に及ぶ説教や生けるキリストとしての宗教実践は信者たちを魅了したでしょうが、先行する神霊教団の指導者たちと五十歩百歩です。イエス教会をはじめとする神霊教団で学習した教説は、劉孝元の頭脳を通じて体系化されたのです。

二つ目の幸運は、一九五七年に朴普熙《パク・ポヒ》と朴の同僚であった韓相吉《ハン・サンギル》・韓相国《ハン・サングック》・金相仁《キム・サンイン》という軍人が相次いで入信したことです。四名は後にＫＣＩＡのメンバーとなるので、朴正熙《パク・チョンヒ》政権が統一教をフロント団体として利用しようとした意図があったのではないかという疑惑もあります。文鮮明は一九六五年に世界巡回路程に出発し、一九七一年以降アメリカに居を構え、世界宣教を指揮してきました。朴普熙のようなブレインを抱えることがなければ、統一教が韓国では一九五〇年代後半から反共政治団体として活動し、アメリカにおいてコリアゲート他の政治的ロビイングに関わることもなかったのではないでしょうか。

そして、三つ目の幸運は、一九五八年に日本宣教に派遣した崔奉春《チェ・ポンチュン》が、一九六五年にアメリカに任地を変更されるまで日本において初期教会を形成したことです。久保木修巳他の指導者になる青年層を信者として獲得し、戦前から戦後にかけて大衆右翼の大立て者であった笹川良一や保守政治家で首相も務めた岸信介などとの政治的パイプを構築しました。ここでも、崔奉春や青年信者達だけで大物政治家を動かせたとは思えず、反共政策で連携した朴正熙と岸信介の関係が影を落としています。

教義

日本のプロテスタント主流派教会では、統一教会、エホバの証人、モルモン教を三大異端としてキリスト教ではないと言います。正統か異端かの判断基準ですが、西方教会の使徒信条に記載された、①神とひとり子キリスト、聖霊の三位一体と聖性を認め、②キリストが人間の罪を負って十字架についた後に蘇り、天に挙げられ神の右に座し、③裁きのために再臨し、信じるものを復活させ永遠の命を与えること、④教会の聖性と交わりを重視すること、です。

旧約・新約聖書を唯一の正典とするのは言わずもがなのことですが、統一教会とモルモン教は、『統一原理』と『モルモン書（経）』という独自の教典を用いるので、異端というよりはまったく別の宗教と言ってよいでしょう。エホバの証人は、イエス・キリストの聖性と権能を絶対的なものと考え、むしろエホバ神の戒めを強調し、輸血拒否、ハルマゲドンの予言、ムチによる躾など独特の行動において異端と認識されています。

では、統一教会がキリスト教というよりは新宗教であるゆえんを具体的に見ていきましょう。

統一教会の教義は、教典『原理講論』と教祖の「御言葉」、および聖書から学習されます。すでに述べたように、劉孝元が執筆した『原理講論』の中身は、金百文から文鮮明が学んだ内容とかなり重なっています。金百文『基督教根本原理』には創造原理、堕落論、復帰原理があり、『原理講論』の骨格をなします。創造原理には宇宙の根本原理と神の創造目的が説かれ、堕落論では不幸の原因である原罪の真相が解き明かされます。原罪は後にサタンとなる堕天使ルーシェルと人類始祖のエバが姦淫・不倫を犯し、神に背いた悪の血統がアダムを経て人類すべてに相続されたというのです。

失楽園の秘密

聖書の該当箇所、創世記の第三章の一節から六節を引用しておきましょう。

1　主なる神が造られた野の生き物のうちで、最も賢いのは蛇であった。蛇は女に言った。「園のどの木からも食べてはいけない、などと神は言われたのか。」

2　女は蛇に答えた。「わたしたちは園の木の果実を食べてもよいのです。

3 でも、園の中央に生えている木の果実だけは、食べてはいけない、触れてもいけない、死んではいけないから、と神様はおっしゃいました。」
4 蛇は女に言った。
5「決して死ぬことはない。それを食べると、目が開け、神のように善悪を知るものとなることを神はご存じなのだ。」
6 女が見ると、その木はいかにもおいしそうで、目を引き付け、賢くなるように唆していた。女は実を取って食べ、一緒にいた男にも渡したので、彼も食べた。
7 二人の目は開け、自分たちが裸であることを知り、二人はいちじくの葉をつづり合わせ、腰を覆うものとした。

統一教会の教義の中で、堕落論が一番のハイライトです。

神様が、この世をよしとして作られたにもかかわらず、なぜ悪があるのか。全知全能の神様であるにもかかわらず、なぜ悪を作ったのか、悪に人間が染まっていくのか。このことを説明するために、人間の堕落を説きます。神から離れたという原罪ですね。ここまではキリスト教の枠内です。

しかしながら、統一教会による堕落の隠された物語の謎解きは独特です。

登場人物に、蛇に象徴されるサタン。神に反逆した天使がいます。神は、天使と人間を作りました。

ところが、その天使は、人間が神にあまりに愛されるために嫉妬して人間を誘惑して神に離反させ、そのことでサタン（悪魔）になったという話なのです。

エバは蛇の誘いに応じて木の実を食べます。統一教会は、ここでサタンなる蛇とイブが霊的な性関係を持ったと言っているのです。禁断の木の実とは女性の貞操を意味していると。天使と人間がどうやって性行為を行うのか。しかも、食べたのは蛇ではなく、エバのほうです。

よくよく考えると不思議な話ですが、サタンの悪なる血統が、エバに入ったのです。

次に、エバがアダムに木の実を渡して食べさせた。食べたのはアダムなので二人が性関係を持ったというのは、同じ人間なのであり得る話かもしれません。統一教会は、サタンとの関係、不倫がばれないようにと、あわててアダムとも性関係を持ったと描写します。これは肉的な性関係と言っています。これによってエバからアダムにもサタンの悪の血統が入った。人類の始祖であるアダムとイブから人間が生まれたので、すべてサタンの悪の血統を受け継いでいる。これが原罪なのだと。だから、神様はこの世を完璧に作られたけれども、天使が離反してサタンが生まれ、サタンの悪の血統が人間に入ってしまったのが堕落なのだというのです。

創世記のこの箇所の読み解きは独特すぎて、キリスト教の域を超えています。しかし、何か空恐ろしい秘密を知ってしまったような気がしませんか。もし、そうであれば、どうしたら人間の堕落性を脱却できるのかと話が進められます。

ご承知のように、キリスト教では、神の一人子であるイエス・キリストがこの世に現れて、何も罪がないのに人間の罪を背負って十字架につけられて亡くなり、三日目によみがえって天に上げられ、神の右の座についたとされます。この奇跡と神秘を信じる人がクリスチャンなわけです。

ところが、統一教会は、クリスチャンになっても完全に救われたわけではないと言います。キリスト教国家が十字軍の戦争を行い、二つの世界大戦もやりました。なぜなら、救済が不完全だったからだというわけです。キリストが救済に失敗したのかという問題の設定をして、失敗したと断言します。

では、本来どのような救済をすべきだったのか。

イエス・キリストは、独身のまま十字架につきました。統一教会の教えでは、イエス・キリストは本来人間の娘をめとって、神様の子として神の血統を残すはずだった。そして、神の血統を持つ無原罪の人類を世の中に増やして神の王国を作る計画だった。

ところが、人間の不信によってイエス・キリストは独身のまま十字架につけられてしまったから、神の血統を持つ人類は現れていない。そこでキリストは、私はまた来ると再臨を預言された。再臨のキリストがこの世に現れて人間の娘をめとって無原罪の人類を増やすことこそ、神の摂理、人類の歴史だったというわけです。

再臨のキリスト

では、そのキリストは、いつ来るのですかと皆さん疑問に思われるでしょう。「既に来ていますよ」と。どこに。現在の北朝鮮で生まれた文鮮明先生がその方ですと証されます。しかし、なんでまた再臨のキリストが韓国人なのだと西欧の人や日本人は思うかもしれません。イエス・キリストの画像は西洋風です。だから、私たちはキリスト教を西欧の宗教と考えてしまいます。しかし、それこそが偏見の最たるものだと統一教会は言うのです。

韓国において救世主メシヤが現れるというのは、植民地支配されたあげく第二次世界大戦後も南北に分断されて苦難の歴史を歩む韓国の人々には希望のメッセージになりました。他国に侵略されたユダヤ王国─イスラエルの歴史に朝鮮民族の歴史をなぞらえるのです。韓国では統一教、日本では統一教会においてこの教えが説かれたのは、一九五〇年代後半から六〇年代にかけてです。在日コリアンの人に対する差別意識が強かった時代です。信じられないような形でメシヤはこの世に現れるのでユダヤ人は信じることができず、救済の計画は失敗した。だから、信じられないのは当然なのだけれども、「ここで信じれば、神の計画は実現される。あなた次第なのだ」と統一教会は日本人に迫ってきたのです。信じられないという思いを逆用した巧みな教え込み方がここにあります。

では、信じた人はどうするのか。文鮮明は、自分はメシヤだから神の血統を持っていると言います。

それは生まれながらなのだと言ってしまうと、イエスのように文鮮明の母親が処女懐胎、無原罪の宿りといった神話を作る必要が出てきます。彼は一人っ子ではなく、兄弟姉妹がおり、その人たちは現在の教団幹部達になっている文鮮明ファミリーには属していないようです。ということであれば、文鮮明は後天的にメシヤの血統に連なったということにならざるを得ません。

文鮮明は十六歳で神から啓示を受けたとされますが、神やイエス・キリスト、聖母マリアを見たという奇跡は歴史上枚挙に暇がありません。カトリック教皇庁が公認する聖母マリアの顕現でも二十数回を数え、非公認のものでは秋田の聖母像から落涙したというものまであり、おそらく無数でしょう。文鮮明は、キリスト教復興運動のなかで生まれた神霊集団の系統を知っており、李龍道―白南柱―金百文の師弟関係のラインで教学的な学習をしています。同時に、この神霊集団のなかで自ら神が降りてきたという金聖道―許孝彬―朴雲女（丁得恩）らの女性シャーマンたちと関係を持とうとしました。この関係を持つやり方が、主流派キリスト教によって雑婚、血分け（ピルガム）と批判されてきました。

要するに、神を宿した女性シャーマンと性関係を通して神の血統を受け継ぐということです。そんなことで人間が神性を持てるのかと思うかもしれませんが、神霊集団の信者たちは信じていたのです。初期の教団においては、文鮮明と関係を持った女性は相当数いたと推測されます。そして、神の血統によって清められた女性と、男性の信者たちが性関係を持つことでさらに清められていくわけです。

こうして聖なる家族が誕生し、そこから無原罪の子が生まれて地上天国を作っていくというのが、統一原理でいう復帰摂理の仕上げになります。

これは疑惑なのか、本当なのか。私は、日本で最初に宣教した崔奉春という宣教師からこの話を確認しました。三三家庭と呼ばれる最初期の信者であった韓国人幹部のカップルには、全員ではなくても、そういう形での実体的な無原罪化の儀式があったのでしょう。

ただし、この話は韓国内に限られていて日本の幹部でこの儀式に参加した人はほとんどいません。日本の統一教会では、なぜ文鮮明がメシヤなのかというメシヤの証明に関して、信じられないことを信じ切るという逆説を使う以外に、実体的な証明がありません。初期の韓国の信者にとって「私はメシヤなのだ。神の血統を持っているし、それをあなた方に分け与えることもできる」と語る文鮮明はメシヤそのものだったのでしょう。

祝福・合同結婚

イエスは堕落人間に接《つ》がれなかったので、神の救済計画（復帰摂理）は半ば失敗したのですが、神は人類に再臨主を遣わしました。その再臨主が文鮮明であり、神の血統を受け継いだ文夫妻の司式による「祝福」（合同結婚式）によって統一教会信者の家庭は「無原罪の子」をなし、神を中心とする家庭を完成させるとされます。一九六〇年以来、二十数回にわたり国際合同結婚式が挙行され、一九九八年には三億六千万組の祝福がなされ、二〇〇一年にはミリンゴ大司教が聖職者祝福に参加してカトリック教皇庁が揺れました。結局、韓国人女性を妻にしたミリンゴ大司教は精神的に参っていたところを統一教会に誘われたという体でカトリック教会に戻ったとされます。現在では、二世信者同士の合同結婚式も複数回行われ、三世の時代も遠からず訪れるでしょう。

祝福は信者同士で合同結婚をやることに加えて、信者自身が実質的に相手を選ぶことができません。初期には、ホールに集められた若い信者を文鮮明がざっと見回し、先祖を数代まで遡って相性やら因縁を見て霊感でマッチングを行ったと言われ、現在は、本部の担当者が適切な相手を一人選んで推薦します。神様が選んだ相手を拒否することはできないでしょう。国際結婚も多いのですが、このカップリングを見る限り、幹部の子弟は幹部の子弟同士、一般信者では学歴や社会階層にあまり違いがないよう配慮されているようにみえます。ただし、その例外が韓日祝福―韓国の男性信者と日本人女性信者のカップルであり、この点は後述します。

そして、祝福の後、三日儀式と呼ばれる夫婦として結ばれる儀式があります。こういうことを書くのは信者のプライバシーにも関わる事柄であり、私も気が引けるのですが、統一教会の教義を説明する以上、ここまで説明しないと堕落からの復帰、祝福家庭の完成と地上天国の実現という統一教会が考えるところの神の摂理は理解できないのです。

信者は文鮮明夫妻の写真を祭壇に飾って、その前で礼拝を捧げた後、性的関係を持ちます。人間にとって性というのは、極めてプライベートなものです。ここを統一教会は握るのです。教祖の写真の目の前、つまり、教祖が見ている中で性行為をするというのは、普通の感覚では考えられないのですが、夫婦の秘め事は摂理的意義のある公のものです。

生けるキリストとしての文鮮明夫妻から下賜された聖酒を飲みほし、神の血統につながった女性がまず主体者として女性上位・男性下位の体位で二日間行為を行い、三日目に今度は逆の体位で行います。これは、キリストの血統がエバを通じてアダムへ接がれ、堕落性が清められたということなのです。サタンの血統がエバからアダムへと接がれ、人間が堕落して現在の血統を受け継いだ逆のパターンの儀礼を行ってこそ、神の側に復帰されるのです。

統一教会のいわゆる一世信者の方が、なぜ脱会しにくいのかということですが、セクシュアリティやジェンダーという個人のアイデンティティの根幹の部分が統一教会によって形成されてしまっており、これを否定することは、自分が形成した家族も否定することになるし、生まれた子どもも否定することになります。なかなかできないのではないでしょうか。

しかし、そのプロセスがない二世信者は、堕落性を脱ぐ必要はありません。既に無原罪の祝福された二世なのです。なので、祝福や合同結婚式への動機付けは、一世である両親ほど強くはない。「別に私はそういうことをもう一度やらなきゃいけない理由はない。堕落論においてエバがサタンから誘惑され、不倫の性的関係を結んだなんて『信じられないよ』となっても不思議ではない。「宗教家族の中に生まれたとしても、私には私なりの信教の自由がある。宗教選択の自由があるのだから、それを行使したい」。それに対して制限を加える家族と教団に対して「おかしい」と言っているのが、今の宗教二世問題になります。

日本の統一教会

崔奉春は一九五〇年代末から六五年までキリスト教会に通う信者を連れてきたり、大学生を連れてきたりして、彼が理解した統一原理を伝えました。彼が初期に形成した統一教会は、貧しい人々やクリスチャン学生が集い、質素な家庭的でアットホームなものだったと言われています。しかし、当時教勢を拡大していた立正佼成会から青年信者が入ることで、小さな教会組織は急拡大の道をたどります。日本では、一九六四年に立正佼成会の青年部長を務めながらも、一切を捨てて統一教会に入信した久保木修己を初代会長にして宗教法人の認可を得ます。同年に全国大学原理研究会（ＣＡＲＰ＝Collegiate Association for the Research of Principles）が創立され、大学生・青年の伝道が活発化しました。この時期、大学を中退して活動に飛び込む青年たちが相次いだので、親たちは子どもたちが洗脳されたといって反対運動を始めました。親泣かせの原理運動としてマスコミを賑わした時代です。

一九六〇年代は大学大衆化の時代とはいえ、まだ同世代の10％程度しか大学に通っていない時代でした。親は苦労して子どもたちを進学させたのに中退して宗教運動にのめり込むとは何たることだとがっかりしたわけです。当時は、左翼的な学生運動に巻き込まれて一部活動家になる学生とシンパの学生たちが大半であり、科学技術が進歩し経済成長している時代になぜ宗教なのか、親たちもメディアも理解できませんでした。

一九六八年、国際勝共連合が設立され、反共政治活動を始めます。反共運動（anti-communism）は、共産圏（北朝鮮、中華人民共和国、ソビエト連邦）に対峙してきた韓国、アメリカ合衆国とその同盟国（日本を含む）において、保守政治家や保守的な宗教団体が関わり、東アジアでは韓国の朴正熙政権、台湾の蔣介石《しょうかいせき》国民党政権、そして日本の保守政治家や右翼活動家が強力に推進しました。先に述べたように、韓国では一九五〇年代末から反共運動の尖兵として統一教会が朴正熙政権に利用されてきたという経緯があります。そして、初期統一教会を側面から支援したのが笹川良一や岸信介だったわけで、約十年遅れて日本でも反共運動が開始されたのです。

一九七三年には世界平和教授アカデミーが設立され、学術・言論界に働きかけを始めます。高度経済成長の最中とはいえ、一九七一年まで一ドル三百六十円の時代であり、一介の大学教員が国際学会や海外で研究を行うことが極めて難しい時代でした。こうした時代にハワイなどで文鮮明の講演の後に国際会議が催され、そこに参加することを自慢していたそれなりに著名な教授が大学時代にいたことを思い出します。

この頃から、統一教会の信徒が廃品回収や花売りといった経済活動をやめ、会社組織を作り、物販で宣教活動に必要な財源の確保を行うようになります。もっとも、韓国の統一教は反共運動の担い手にとどまらず、朴正熙政権下の軍需産業部門において空気銃製造工場（鋭和ＢＢＢ）を設立し、一九六〇年代に日本に教会傘下企業の幸世物産が輸入販売しようとしました。日本が工業製品を韓国に輸出し、韓国から雑貨を輸入する時代に、韓国の統一教が日本に売れる商品開発を行うのはなかなか難しいものがありました。だからこそ、種々の隙間型商品を考え始めたのです。

一九八〇年代に入り、これまで韓国から輸入したものの、売り上げがかんばしくなかった朝鮮人参茶や高麗大理石壺などを扱っていた販社が、訪問販売員の信者に姓名判断や印相鑑定を無料で行わせ、そこで不安にかられて相談したり、印鑑を求めたりした顧客にさらに先祖の霊を供養するためとして高麗大理石壺を数十万円から数百万円で販売し始めました。これが霊感商法として八〇年代後半から問題化されます。

一九八七年に霊感商法被害対策弁護士連絡会が結成され、商品の返還交渉や損害賠償請求の提訴がなされてきました。同会の調査によれば、二〇二一年まで約千二百億円相当の被害金額が集計されています。

統一教会の活動が社会問題化された大きな要因です。こうして統一教会は、宗教団体というよりも宗教を偽装した経済組織という見方が強まってきました。

コングロマリットとしての統一教会

現在の統一教会の信者数や教会数は、祝福参加者の数同様に、統一運動の多様性と広がりもあって、概数でも把握することが困難です。少なく見積もっても五、六万人の信者がいて、百近い教会があるでしょう。統一教会の信者と運動の関係者が直接・間接的に関わる組織体は多岐にわたります。日本に限定しても、韓日人教会、原理研究会、世界平和宗教連合、世界平和教授アカデミー、世界平和女性連合、世界平和青年連合、世界平和統一家庭連合、日本青少年純潔運動本部、真の家庭運動推進協議会、国際勝共連合、世界日報、光言社、一心病院、世一観光、一和等があります。主な活動の舞台である韓国、アメリカにも団体が多数あり、関連企業を含めれば、文鮮明ファミリーが運営する企業体や政治組織、各種民間団体の総数は数百の単位です。

したがって、統一教会を宗教法人としてだけ理解するのでは的外れです。コングロマリット（複合企業体）としてとらえた方が良いでしょう。韓国では文鮮明ファミリーや幹部たちの所有する事業体は財閥（チェボル）として認識されています。

統一教会の宗教法人としての解散は、コングロマリット全体からいえば、組織的には瑣事に過ぎないのですが、日本の統一教会が担ってきた韓国の本部への送金を一手に担う集金マシーンとしての機能を考えれば、統一教会の世界的な活動に対してそれなりのダメージを与えることは間違いないところです。この点も後述します。

マインド・コントロール

多岐にわたる統一教会の諸活動は、初期に入信した祝福家庭の幹部と、「献身」した青年信者、および数十年信者を継続している中高年の壮年教会員に担われています。教養の独自性もさることながら、信者たちのあまりの献身の度合いに、韓国、日本、アメリカ、ヨーロッパなどにおいてマスメディアが「洗脳」の疑惑を書きたててきました。そして、「マインド・コントロール」批判が心理学者からなされたのですが、宗教社会学者はこれに反論し、以後、マインド・コントロール論争として統一教会信者の入信・回心・脱会が論議されてきました。この論争の学術的な評価と日本における統一教会関連裁判の経緯については、拙著『信仰か、マインド・コントロールか』(法藏館、二〇二三年)を参照していただきたいと思います。

2 統一教会の研究法

統一教会について語る人は多いが、この教団を俯瞰して語れる人は極めて少ない。教団の活動内容が多岐にわたるということもあるが、宗教としての教説と儀礼、布教と組織運営の資金調達戦略、現代宗教や政治の中における位置づけなどを総合的に見ていくことが必要である。そのためにはどのような調査研究の視点や手法が必要なのか。

統一教会の語り方の変遷

統一教会とは何か。どういう特徴を持った宗教か。霊感商法などを行う経済団体か。あるいは、自民党の保守政治家を選挙で支援する宗教右派とでも呼ぶべき政治宗教なのか。どうでしょうか。

統一教会を一文で定義するならば、二十世紀の初頭に朝鮮半島で生まれたキリスト教系新宗教運動が、反共の朴正熙政権と五五年体制下の自民党政権において支援を受け、世界的なコングロマリットとなった政治宗教であるとなりましょうか。しかし、この定義では、政治色が強すぎますね。この活動に人生をかけている人たちの認識としては宗教運動です。信者は、神が定めた摂理という宗教的な歴史の中に生きており、信仰の核心部分や儀礼、宗教家族を形成するための結婚や夫婦関係・親子関係も宗教的に動機付けられています。

とはいえ、統一教会の活動を外側から見れば、霊感商法や信者に対する過度の献金といったお金集めに終始しているようにも見えます。その金は韓国の統一教会本部に送られます。ですから、統一教会をコングロマリットの経済組織として把握しても良いのですが、なぜ日本でそのお金を使わずに韓国に送るのかということの理由には、摂理史観や日韓関係の歴史認識が大きく関わってきます。簡単に言えば、メシヤが生まれた朝鮮半島を一九一〇年から一九四五年まで植民地支配し、言語や文化、自由と人権を奪ってきた日本に贖罪を求めているのです。

一九六五年に締結された日韓基本条約において、日韓両国は相互に請求権を放棄し（日本は朝鮮半島に残してきた施設・資産、韓国は植民地支配や戦争賠償金の補償など）、日本は韓国政府に国家予算の複数年に匹敵する資金提供を行いました。しかし、韓国では開発独裁の軍事政権が民政化して以降、一九九〇年を境にして市民運動において従軍慰安婦や徴用工に対する補償を日本政府に求める運動が進められてきました。

統一教会による日本人信者に対する資金調達・送金の強力な要請や、日本人女性信者を結婚難の韓国人男性とカップリングする国際合同結婚式が大々的に進められたのが一九九〇年代です。それが今日まで続いています。ですから、統一教会の宗教活動には、日本の植民地支配に対するポストコロニアル的な側面が濃厚であるとも言えるのです。

宗教、経済、政治、いずれかの要素に統一教会の本質を見る見方はやはり一面的と言わざるを得ません。どの要素も兼ね備えたコングロマリットの政治宗教運動が統一教会の特徴なのです。

統一教会の描かれ方

統一教会の八十年ほどの歴史を眺めてみることで、統一教会の多様な側面を理解できるのですが、その時代その時代で統一教会の見え方は異なっていました。

私が書いた下手な象の絵をご覧ください（次頁の図）。この原画を学生に示したところ笑いを取ることができましたので、皆さんにもお示しします。こんなダックスフントのような象はもちろんいません。

インドの説話にはじまり、仏教やジャイナ教、イスラームにも伝わる「群盲象を評す」という教訓話があります。王は盲人（現在は視覚障がい者というべきでしょう）を象のそばに連れて行き、盲人はそれぞれゾウの鼻や耳、牙、足や腹などを触り、木の枝や扇、管、柱や壁、などと答えたとされま

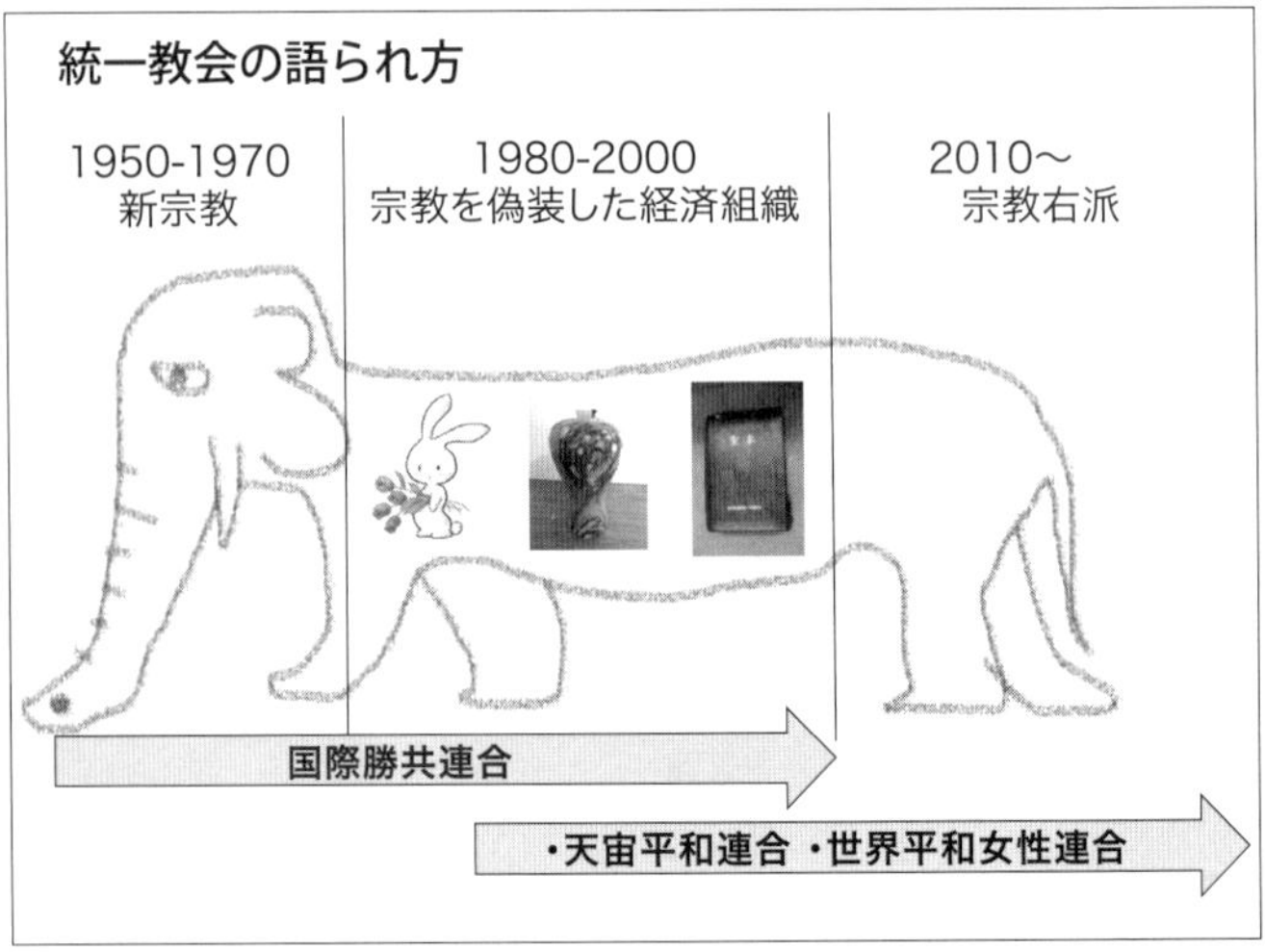

す。王はそれぞれに正しいが、象はそのすべての特徴を備えているのだと諭したという話です。

統一教会を象に例えるのは誉めすぎかもしれません。しかし、全体像がなかなか掴みがたく、時代によって種々の特徴の現れ方が異なるという点では、当たっていなくはないでしょう。

頭の部分は、鼻や耳も含めて新宗教とまとめられましょう。キリスト教から生まれながら、韓国の民族宗教である甑山道《じゅんさんどう》の解冤《かいえん》思想（神格やすべての生命の冤と恨を解くことで幸せになれるという＝統一教における摂理の失敗を恨む神）やシャーマニズム（神霊を自分の胎内に取り込み、依代《よりしろ》となる）を含みこんでいます。腹や足の部分は、花売りや霊感商法から始め、資金調達のマシーンとなる種々の企業体からなります。尻尾の部分ですが、背骨からつながっている政治宗教的な部分の表れといえます。東西冷戦体制の崩壊までは反共主義だったのですが、現在は保守的な家族観や政治イデオロギーと野合する統一教会の家族主義になります。時代的に見れば、統一教会の初期から中期まではキリスト教系新宗教といわれ、中期から現代まではその資金調達活動の違法性が問題となる経済組織的な側面が強化され、近年では統一教会の社会問題性や違法な活動を批判し、訴訟による損害賠償請求を押しとどめる勢力としての政治的ロビイング活動が顕著でした。

こうした統一教会の多面的な特徴を捉えるためには、長期間の研究が必要なことはもちろん、調査方法にも独自のやり方が必要でした。

統一教会調査のやり方

私が統一教会の調査を最初に行ったのは、一九八七年の霊感商法の調査です。その後断続的に統一教会の関連裁判を傍聴したり、裁判資料の閲覧を行ったり、日本のみならず韓国での現地調査も重ねました。元信者のインタビューを三十人以上行い、最長の人には数日にわたって話を聞き込みました。韓国在住の日本人女性信者にも数回にわたりグループインタビューを行っています。こうしてかれこれ三十年以上も統一教会の調査研究を行っているわけです。始めたのが二十代の後半です。六十代の前半まで継続し、統一教会への社会問題からこのようなレベルで事件が起きるとはまったく予想もしておりませんでした。

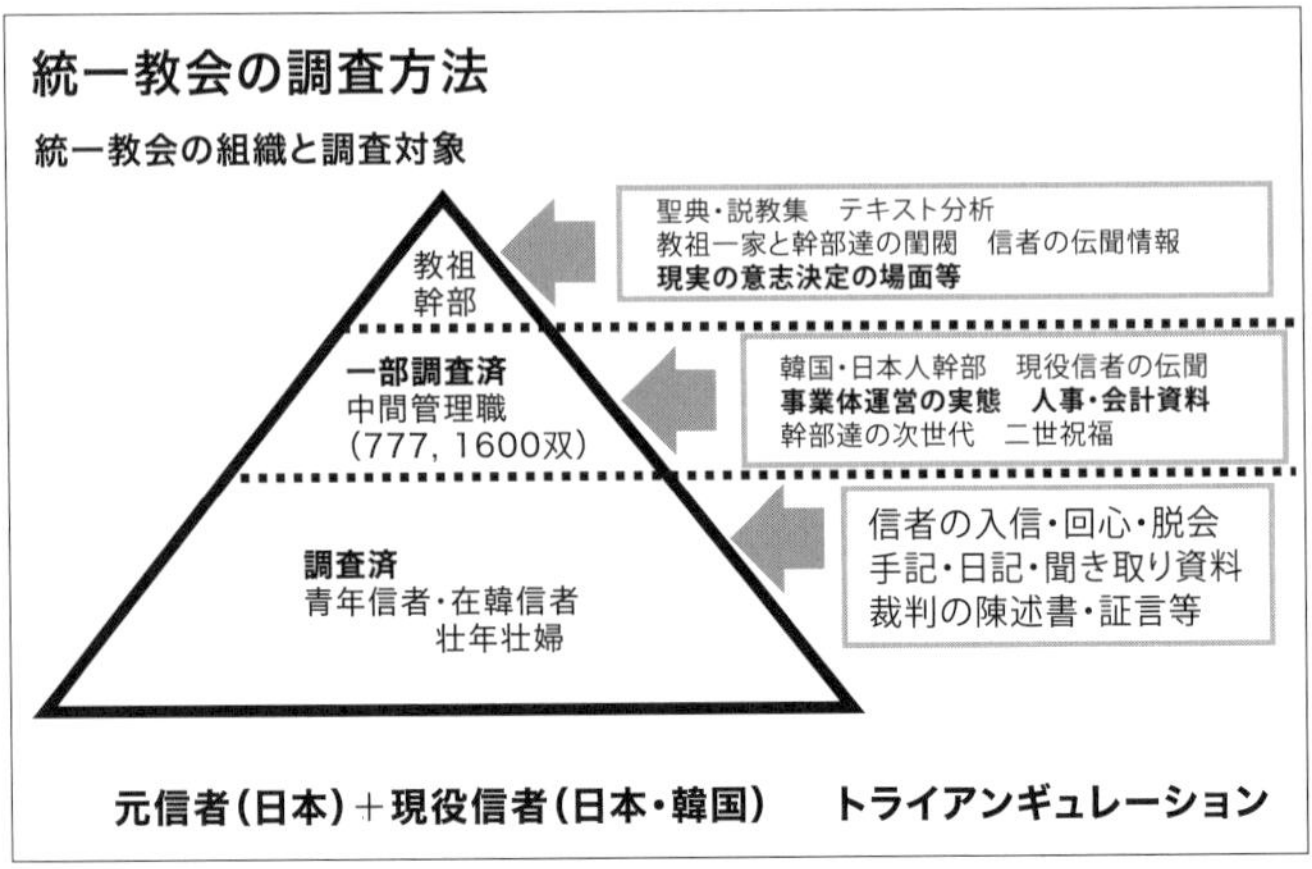

私の調査の特徴は、社会調査法でいえばトライアンギュレーション（三角測量または方法的複眼）といえます（上の図）。信仰の内実は現役信者に聞いただけでは分かりません。現在信者として残っている人は、教団における信仰生活においてポジティブな経験をより多く持った人々です。ネガティブな経験が多かった信者の人は辞めていくでしょう。ですから、残っている人たちから信仰生活の肯定的な評価が出てくるのは当たり前のことなのです。このようなサンプリング・バイアスを気にすることなく、現役信者の方だけに話を聞いて教団調査としてきた従来の研究は方法論的にはナイーブなものだったといえるでしょう。

統一教会のような組織の場合は、なおさらのこと教団の表の顔と裏の顔、教会の中で牧会をしている一方で、様々な物販活動も同時に行っているといった話は、教会の表玄関から入っただけでは伺い知ることができません。内部事情に詳しい、教団に批判的な見解を持つ脱会者だからこそ、持ち出された様々な内部資料（もちろん当人の私物ですが、裏帳簿やマニュアルなども含まれます）に基づいて実際はどうだったのかを語ることが可能です。

また、現役信者であっても脱会した信者であっても、教団の組織構造すべてに通じているわけではありません。経験した限りでの事情に通じているということです。幹部クラスの人は一般信者の悲哀を知らないかもしれません。逆に一般の信者は、幹部クラスの人たちが、信仰が薄れても生活のために教団を辞めないでいる事情は知らないでしょう。ましてや、教祖ファミリーや上層部の人たちの実態については、なかなか窺い知ることはできません。

ですから、可能な限り、様々な機会を捉えて情報のリソースを獲得し、複数の立場や視点から宗教活動の実態を観察していくことが重要なのです。このような調査には、自分が直接的に接触できる相手からだけではなく、さまざまな人の好意によって資料を見せてもらったり、重要な人物に面会させてもらったりしてきました。そこで得た情報を直接話したり書いたりすることはありませんが、行間を読み取ってもらえるような形で含めて分析しています。

宗教社会学の方法論的な問題に関しては、私の著作を参照してもらえれば助かります。

3 文鮮明と教祖ファミリー

統一教会は世界平和統一家庭連合という名称で現在活動している。「真の家庭」を築くことが目標であるという。そうであれば、教祖の文鮮明・韓鶴子夫妻と子どもたちが、再臨主の理想家族をどのように体現しているかを知りたいものである。二度の結婚、数名の非嫡出子、親子間・兄弟間の葛藤など、その実情を見ておきたい。

自らをメシヤとした教祖の死

二〇一二年九月三日、文鮮明《ムン・ソンミョン》は、韓国京畿道加平郡にある統一教会施設の清心国際病院で亡くなりました。享年九十二歳です。

文鮮明の死を外電では、「自らをメシヤと称した韓国人宗教活動家」（『ニューヨーク・タイムズ』）、「巨大企業帝国の創始者」（『タイム』）、「アメリカ政治に介入したワシントン・タイムズの元オーナー」（『コンソーシアムニュース』）、「カルトのリーダーにして脱税で収監された元受刑者」（民間人ブログ）といった紹介がなされました。

これだけの死亡記事でも並の人ではないと分かっていただけるでしょう。否、人ではないのです。本人は無原罪で生まれた「再臨の救世主」を自称し、晩年には『平和を愛する世界人として』（自叙伝タイトル）となり、現在は「天地人真の父母」として「天上天国で永存され」「今も霊界から地上の私たちを主管」（宋榮渉全国祝福家庭総連合会会長談話）しているとされます。簡単にいえば、肉体は死んだが霊界では生きているということなのです。

こういうことを信じている人が統一教会信者なのですが、日本には数万人、韓国とアメリカ、その他の国の信者を加えても十数万人程度の信者数しかいません。統一教会の活動は、本拠地の韓国と文鮮明家族が長らく居住したアメリカでの活動が華々しい一方で、統一教会によって金のなる木とされた日本での違法活動と被害実態は深刻なものです。

統一教会の集金システムとは

霊界から地上界を支配するという文鮮明ですが、彼の近況が霊言として語られているので紹介しましょう。統一教会随一の霊能者は、文鮮明の二番目の妻である韓鶴子《ハン・ハクジャ》の母親洪順愛《ホン・スネ》（文鮮明の信者でかつ大母様《たいぼ》といわれる）を憑霊させる金孝南《キム・ヒョナム》で訓母様《くんぼ》といわれます。この大母様＝訓母様が二〇一二年十一月から「天運相続特別1DAYセミナー」なるものを日本で開催し、各地で数千人の信者を集め、「一カ月に一人の伝道」を鼓舞したのだそうです。曰く、「お父様（文鮮明）は聖和式（葬儀）以後四十日間、霊界で歴史的な中心人物たちにたくさん会われました」「お父様は絶対善霊に直接指示をされるようになったのです。それで、四千四百億の絶対善霊たちも考えが変わってきました」。天界においても諸霊に指導し、「地上にいる間に伝道しなさい」とのメッセージを、大母様を通じて語るお父様というわけです。

この女性は一信者でありながらも、文鮮明が埋葬された清平聖地（京畿道加平郡）にある清平修錬苑及び関連施設を管理することを任されており、一九九五年以降、先祖解怨式・役事・病気治しをセットにした修錬会を行い、多数の日本人信者から献金を受けてきました。

その献金は本来であれば統一教会維持財団（韓国における統一教会の統括組織）に行くはずだったのですが、金孝南一家が抜いて巨万の蓄財をはかったという疑惑があり、その修錬苑に監査を要求した文鮮明の子どもたちと、金孝南および自分の母親の霊媒をこよなく愛する韓鶴子との対立に発展しています。

統一教会とは何であるかを説明するには、どうやってお金を集め、そのお金をめぐってどのように争っているのかを知ることが肝心です。まず、清平修錬苑での集金の方法です。

先祖解怨式

統一教会員たちは回心して地上天国に入ることを許されますが、教えを知る前にあの世へ旅立った先祖たちは霊界にある地獄で原罪のゆえに塗炭の苦しみを味わっているとされます。先祖を救うためには地上から霊界へ功徳を送るしかないと説かれます。その画期的な方法として「天国に入籍するには先祖から百二十代遡って解怨しなければならない」と一九九九年に文鮮明が宣言したのです。一代三十年として三千六百年前までになります。解怨のための献金が一家系で七代目まで七十万円。しかも、父方母方、さらにその上の父方母方へ遡るので四倍必要です。八代目以上は七代分三万円とディスカウントされるのですが、百二十代目まで試算してみると計四百八十四万円。これでも完遂完納者が続いたためか、二〇〇六年になると、この大母様は二百十代目（六千三百年前の先祖）までやれば十分と宣《のたま》ったのです。

役事

原義は霊界と現実世界との交わりを意味したらしいのですが、実際は天使の助けを借りて体内から悪霊を追い出す病気治しの意味に用いられました。集団治癒の場面に参加した人の話では、講堂に参集した数千人の信者が聖歌を韓国語で歌いながら、拍手↓前の人の肩↓自分の頭・顔・首↓拍手↓胸

・下腹部↓相手の腰↓自分の足・腕↓拍手の順で叩き続け、これを二セット二時間ほど続けたようです。憑霊した信者の除霊を金孝南がします。日本から修錬会に渡韓した多くの信者に日本の悪霊の怖さが強烈に植え付けられ、それを払うのはこの清平修錬苑しかないことが繰り返し語られるわけです。

病気治し

この除霊で快癒しない病人には、金孝南の特別な祈祷と除霊がありますが、方法は悪霊を叩いて出すというういたってシンプルなものです。ただし、叩かれた方は皮下出血します。難治性の病気で収容され、「あんたの先祖が韓国人を痛めつけたからびっしり悪霊に取り憑かれたのだ」として、この病気治しでさらに悪化させられたうえで放置され、奇跡的に日本に戻って実家から病院に入院させてもらい一命を取り留めた元信者から話を聞きました。

理想の家庭とされる教祖家族

理想の家庭とされる文鮮明の家庭はどのようなものでしょうか。少なくとも、子どもたちは無原罪のお子様であり、信者たちはひれ伏すしかない存在です。種々の資料から家族の構成が分かります（左の図）。文鮮明自身は摂理的必然をもって人間の女性と関わり、最終的には真の母とされる韓鶴子との間に七男七女をもうけました。

図　文鮮明の家族構成

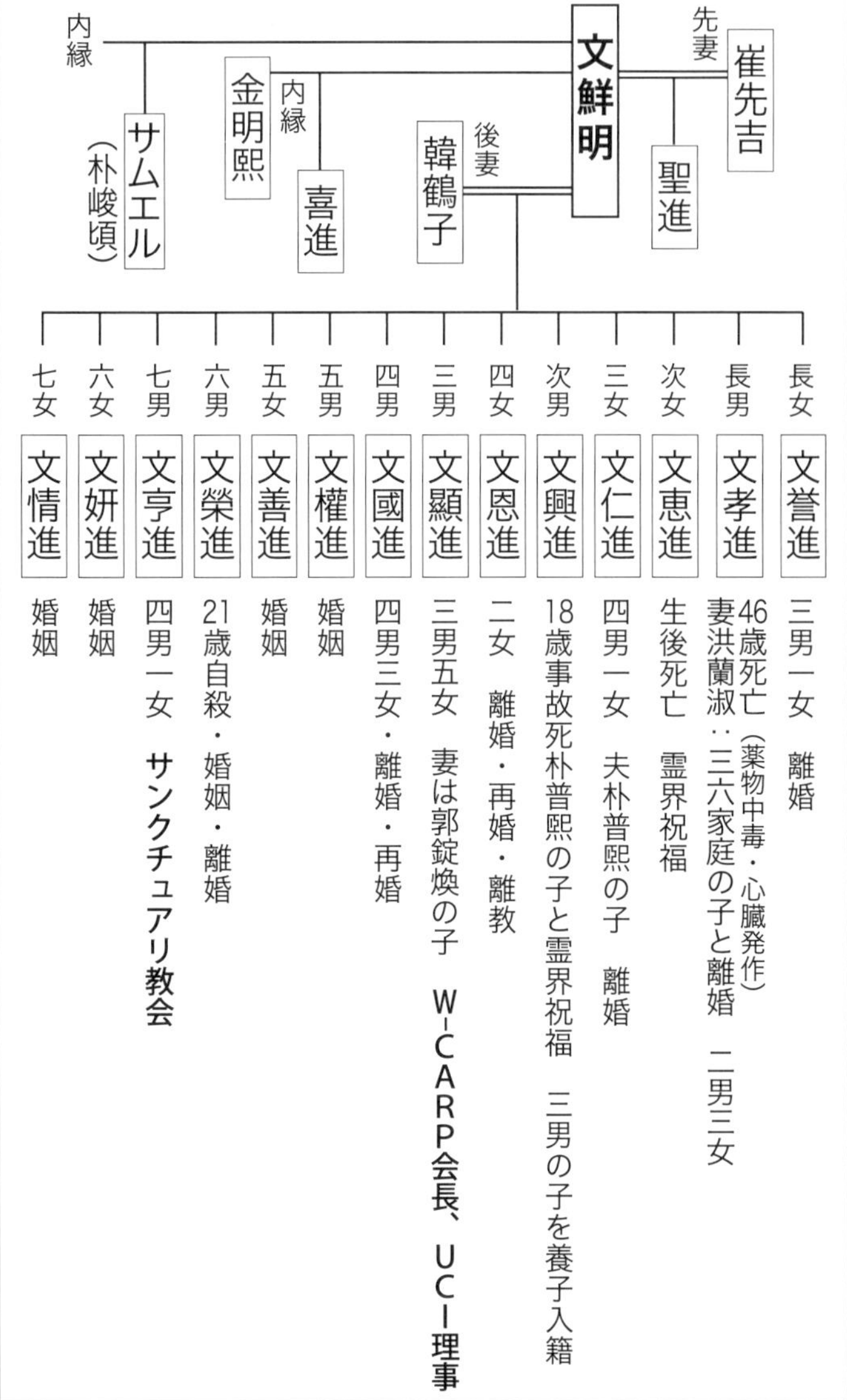
文鮮明
先妻
崔先吉
聖進
後妻
韓鶴子
内縁
金明熙
喜進
内縁
サムエル（朴峻頃）
長女
文誉進
三男一女　離婚
長男
文孝進
46歳死亡（薬物中毒・心臓発作）
妻洪蘭淑：三六家庭の子と離婚　二男三女
次女
文恵進
生後死亡　霊界祝福
三女
文仁進
四男一女　夫朴普熙の子　離婚
次男
文興進
18歳事故死朴普熙の子と霊界祝福　三男の子を養子入籍
四女
文恩進
二女　離婚・再婚・離教
三男
文顯進
三男五女　妻は郭錠煥の子　W-CARP会長、UCI理事
四男
文國進
四男三女・離婚・再婚
五男
文權進
婚姻
五女
文善進
婚姻
六男
文榮進
21歳自殺・婚姻・離婚
七男
文亨進
四男一女　サンクチュアリ教会
六女
文妍進
婚姻
七女
文情進
婚姻

各種の資料から、その構成を見ますと、文鮮明は一九七一年に本拠地をアメリカに移し、自身は世界的な活動に多忙を極めたので、子育てはもっぱらおつきの信者に任せ、子どもたちはアメリカの教育を受けて育ちました。そのため、大半の子どもは韓国語を解せず、英語に通じない両親との意思疎通にも苦労したのではないかと思われます。何より、親が神様となった子どもたちですので、ごくふつうに大人になることはありえなかったのかもしれません。元来が無原罪ですから、統一教会を離れても許容されるのでしょう。実に、この傾向は日本の幹部の子弟にも見られることです。

巨額資産と兄弟の骨肉の争い

文鮮明の子どものうち統一教会の活動に積極的に関わったのは、三男の文顯進《ムン・ヒョンジン》、四男の文國進《ムン・グックジン》、七男の文亨進《ムン・ヒョンジン》の三人のみです。三男は長男が身を持ち崩したために長兄の役割を果たそうと張り切り、統一教会の学生組織である世界原理研究会（W—CARP）の会長として日本の学生組織および幹部たちとも強いパイプを形成し、アメリカや海外の事業を引き継ぎました。四男は文鮮明から韓国の統一教会維持財団傘下の企業グループの経営を任されます。七男は夫妻に可愛がられ、統一教会の継承者に指名されました。

さて、三人は仲良く文鮮明の王国を盛り立てられたのでしょうか。

二つの事件がありました。一つは、文鮮明がアメリカの政界に影響力を持つために社主となった

『ワシントン・タイムズ』の売却問題です。これは三男が二〇〇六年に統一教会世界財団（UCI）を継承し、新聞社の運営に携わったのですが、運営資金は日本に依存していました。これを当時、日本の統一教会を実質的に指揮していた四男が二〇〇九年に送金を止めさせてUCIを兵糧攻めにし、二〇一〇年に四男傘下の会社に一ドルで売却させたのです。

もう一つは、ソウルの汝矣島にある統一教会所有地約一万四千坪に七十二階建てのオフィスビルとショッピングモールを建設しようとした計画です。二〇〇五年に三男が関わるディベロッパーY22が統一教会維持財団と九十九年間契約で地上権設定をし、銀行・投資家から資金をかき集めて二〇〇七年に着工したのですが、二〇一〇年に四男の維持財団側が地上権設定の無効を求めて訴訟を起こしました。その経緯は複雑怪奇ですが、三男と四男の確執が原因でしょう。結果的に、二年以上工事がストップしたため、関連会社が契約不履行の請求をY22になし、Y22が維持財団に対して五十億円相当の損害賠償を請求し、高裁まで勝訴しました。問題は、双方とも妥協しないので、最高裁判所の決定が出るまで多額の裁判費用と損害賠償の遅延金をそれぞれどうやって支払うのかということです。さらにいえば、その原資をどうやって日本から引き出すのかともいえます。

現在、日本の統一教会は四男側についていますが、三男側を支持する人たちもそれなりにおり、それぞれの理を訴えています。こうした状況で文鮮明が死亡し、三男は葬儀への出席を拒まれる一幕もあるなど、兄弟の争いは継続しています。そして、こうした騒動に業を煮やしたのか、あるいは霊能の世界に逃げ込んだのか、母親の韓鶴子は四男の維持財団理事長の解任と七男の世界統一教会会長職の解任（アメリカ統一教会会長への降格人事）を命じました。韓鶴子と自身の母親である洪順愛大母を憑霊させる（霊媒であった）金孝南訓母一家との蜜月は一定期間続きましたが、教団本部の幹部たちが金孝南一家のみ日本人信者の献金を蓄積している構造に業を煮やし、追い落としにかかりました。

神様の独り娘と子たちの分派

韓鶴子は、二〇一五年に統一教会から世界平和統一家庭連合に改称した組織の総裁として、「神様の使命を受けた真の父母であり、『独生女』として人類救援のために真の家庭運動を伝播する」と宣言しました。独生女とは神様の独り子であるイエスをまねた表現であり、文鮮明はイエスと同じ独生者、韓鶴子は独生女としてメシヤの地位にあることを公言した（広報局公式ＨＰ）。これには、日本国内でも古参信者を中心に異論が出ているようですが、主流派は韓鶴子に忠誠を誓っています。

二〇一五年、七男は四男の資金援助を得てアメリカ・ペンシルバニアに本部を置くサンクチュアリ教会（World Peace and Unification Sanctuary）を設立し、日本からは江利川安栄元日本統一教会会長（現在日本サンクチュアリ協会の総会長、兼協会長に就任）ほか七男派が流入しています。三男派もまた、グローバルピース財団の名称で各種経済セミナーを韓国で開催し、資本提携先を探しながら経済活動を行っています。

日本の統一教会は、韓鶴子の世界平和統一家庭連合（主流派）がおさえているものの、三男派、七男派に加えて、韓鶴子の独裁に異を唱える元幹部や信者がそれぞれにグループを形成する状態になっています。七男派が合同結婚式や先祖解怨の儀式を挙行すれば、主流派が七男派にはメシヤの正統性がないから相手にしないようにと信者宛公文と称する連絡文が通知されます。また、七男派はＳＮＳやユーチューブを駆使して、母親はメシヤの摂理から外れてしまったと批判しています。

統一教会内における文鮮明ファミリーや幹部家族の人間関係（文鮮明夫妻の子どもたちと孫たちは幹部たちの子どもや孫と結婚しているので複雑な姻戚関係による党派ができている）、それと連動した多数の関係組織間の葛藤、それに翻弄される日本統一教会の情勢は、一部の現役信者が提供する（意図的な戦略の可能性もある）情報や、統一教会ウォッチャーの推測だけで十分に把握することはできません。

確実に言えることは、財閥を多額の資金で支えてきた日本の統一教会組織は、文鮮明ファミリーや韓国の幹部たちから完全に蚊帳の外に置かれ、資金提供者としてのみ利用されているということです。日本の統一教会幹部たちは、この不公平な構造に抗うことができないでいます。統一教会の教義を信じ、文鮮明・韓鶴子というメシヤの権威に頼って教団組織を維持している以上、どんなに矛盾を感じようとも、幹部たちは自分たちの生活を維持するために一般信者に従順な信仰を求め続けるしかないのです。

4

渡韓した女性信者七千人余のゆくえ

統一教会問題の中で最も深刻な状況に置かれている人は、教えを信じて国際合同結婚によって韓国人の非信者と一緒に生活する韓国在住の約六千名余りの女性信者たちである。信仰がさめても帰るに帰れない事情を抱えた人たちである。統一教会による理想の結婚の現実はあまりに厳しい。このことを著作で明らかにした私は、二〇一二年、東京地方裁判所で証人尋問にたち、統一教会の弁護士と「悲惨さ」の実態についてやり合った。

渡韓した女性七千人余の行方

「地上の楽園」と喧伝された北朝鮮への在日朝鮮人の帰還事業は、日本赤十字社と朝鮮赤十字社によって一九五九年から一九八四年まで続けられ、九万三千人あまりの人々が北朝鮮に渡り、このうち六千八百人余が日本人の国籍保持者でした。しかし帰還者は「動揺階層」として、差別と政治的抑圧（政治犯収容所で落命した人も多い）、および食糧難に苦しんだという脱北者の証言があります。千八百三十一人にのぼる日本人妻の多くは安否不明で生存者は百名程度で、近年は便りも途絶えがちとされます（『読売新聞』二〇〇九年十二月十三日付）。

北への帰還運動は、北朝鮮の実情が関係者や脱北者から伝えられるにつれて収束しました。その後、数年を経て今度は日本人女性が外国人花嫁として渡韓することになります。

「地上天国」の実現を夢見て「メシヤの国」に渡韓した統一教会の日本人女性信者は、一九九〇年代の初めから二〇二三年まで約七千人近くにのぼるといわれます（うち韓国在住者は約六千人）。北朝鮮の日本人妻が結婚した夫に従って北朝鮮の用意した帰還船（初代の万景峰号等）に乗ったのに対して、統一教会の女性たちは家族・親族に見送られることもなく、すなわち家族の反対を押し切って自費で渡韓し、統一教会が主催する国際合同結婚式に参加し、韓国人男性に嫁いでいったのです。

北朝鮮と韓国の日本人妻を直接比較するのは無理があります。しかし、女性たちの現状と将来を考えたときに、イデオロギーや宗教的理想を擬装して、その実、労働力不足や嫁不足解消のために個人の人生を利用してきた政治組織や宗教組織の責任は大なるものがあります。虚偽の情報を与えられたとして朝鮮総連を訴えた帰還者の裁判では時効の判決が下され、正体を隠した勧誘でだまされたとして統一教会を訴えた元信者の裁判では教団に対して損害賠償の支払いが命じられています。両者に朝鮮半島に渡る経緯に違いはありますが、朝鮮総連や統一教会という組織によって理想世界に魅せられたこと、現地で苦難の生活を送っていること、容易に日本に帰国できないことの三点は共通しています。脱北は命がけですし、信者の日本帰国は家族との離別につながります。

それにしても、なぜ、韓流ブームとは一切関係なく、韓国男性に嫁ぐことを喜びとした日本人女性たちが大量に出現したのでしょうか。

統一教会がしくんだ国際結婚

統一教会によって挙行された一九九〇年代までの合同結婚式を表にしました。

合同結婚式の歴史

年月日	結婚数	国名	場所
1960年4月16日	3組	韓国	青坡洞、前本部教会
1961年5月15日	33組	韓国	青坡洞、前本部教会
1962年6月4日	72組	韓国	青坡洞、前本部教会
1963年7月24日	124組	韓国	ソウル市民会館
1968年2月22日	430組	韓国	ソウル市民会館
1969年2月28日、3月28日、5月1日	43組	米国、ドイツ、日本	

1970年10月21日	777組	韓国	ソウル奨忠体育館
1975年2月8日	1800組	韓国	ソウル奨忠体育館
1977年2月21日	74組	米国	ニューヨーク　ニューヨーカーホテル
1978年5月21日	118組	英国	ロンドンにて
1982年7月1日	2075組	米国	ニューヨーク　マジソンスクウェアガーデン
1982年10月14日	6000組	韓国	ソウル　蚕室室内体育館
1986年4月12日	36組	韓国	リトルエンジェルス芸術会館
1988年10月30日	6500組	韓国	龍仁、一和研修院（一和龍仁工場）
1989年1月11日	72組	韓国	リトルエンジェルス芸術会館
1989年1月12日	1275組	韓国	龍仁、一和研修院（一和龍仁工場）
1992年4月10日	1267（既成）組	韓国	ソウル　蚕室オリンピックメインスタジアム
1992年8月25日	3万組	韓国	ソウル　蚕室オリンピックメインスタジアム
1995年8月25日	36万組	韓国	ソウル　蚕室オリンピックメインスタジアム
1997年11月29日	4千万組	米国	ワシントンDC　ロバート・ケネディスタジアム
1998年6月13日	3億6千万組（1次）	米国	ニューヨーク　マジソンスクウェアガーデン
1999年2月7日	3億6千万組（2次）	韓国	ソウル　蚕室オリンピックメインスタジアム
2000年2月13日	4億組（1次）	韓国	ソウル　蚕室オリンピックメインスタジアム
2001年1月27日	4億組（2次）	米国	ニューヨーク国連本部および各国会場
2002年2月16日	4億組（3次）	韓国	ソウル　フェンシング競技場
2003年7月13日	4億組（4次）	韓国	天安　柳寛順烈士宣揚記念館

2004年7月26日	4億組（5次）	韓国	天安　柳寛順烈士宣揚記念館
2005年8月1日	4億組（6次）	韓国	天安　柳寛順烈士宣揚記念館
2007年2月22日	521組　平和世界実現のための太平聖代平和交叉・交体祝福結婚式	韓国	天宙清平修錬苑
2009年11月16日	190組　真の父母様二世祝福式	韓国	天宙清平修錬苑
2012年3月24日	2027組　天地人真の父母勝利解放完成開門時代祝福式		
2013年2月27日	1万2千組　天地人真の父母天宙祝福式		
2014年以降	ほぼ実数に近い合同結婚式（既成祝福・霊界祝福　含む）		

出典　統一教会HP祝福の歴史他より　作成

一九九二年までの国際合同結婚式は実質的なものと考えられますが、それ以降のカップル数はありえない数値です。統一教会員もしくは賛同する人がこれほどいたら、世界は「地上天国」化しているでしょう。

学生や青年が統一教会によって勧誘され、信者として霊感商法や正体を隠した勧誘などに従事して数年たつと、教団本部から祝福を受けるよう勧められます。かつては、文鮮明《ムン・ソンミョン》が信者をホール等に集め、男性・女性の組み合わせを霊的直感で決めていったといわれますが、カップル数が増えてからは教団がマッチングを行っています。具体的には、信者に相手の写真が示され、真のメシヤが選んだ相手を受け入れるか否かの返事が求められます。通常、否はありえません。信者はメシヤに従い、完全に一体化する信仰を教化されているので、自分のタイプでなければ嫌という人はそもそも信者になっていないのです。

一九七〇年代までは、初期の信者、すなわち現在の統一教会の幹部同士で、韓国人は韓国人同士、日本人は日本人同士が結婚しています。経歴や志向性も似ていたでしょう。ところが、一九九二年の三万組ともなるとばらつきの幅が広がります。特に、韓国人男性と日本人女性の組み合わせには、はなはだしいギャップがありました。

韓国の日本人女性の結婚生活

韓国の大学進学率は二〇〇八年に83％に達し（日本は53％で一九九六年に抜かれました）、二〇一〇年の都市圏人口は82％（日本は67％）と日本より都会的です。学歴が低く、安定した職業に就いておらず、地方に暮らす青年を韓国人女性は選びません。地方農漁村における後継者の嫁不足は日本以上に深刻です。韓国の国際結婚比率は二〇〇六年で約12％、その半数は中国の朝鮮族、15％がベトナム人となっており、日本人は8％程度です。こうした配偶者に恵まれない韓国の男性に恩恵を施したのが統一教会です。「真の家庭実践運動」という統一教会の別団体名で外国人花嫁を斡旋し、ポスター掲示などしているのですが、ここに連絡した青年のお母さんは統一教会に誘われます。息子のためならとしばらく教会通いを続け、国際合同結婚式に息子が参加し嫁さんを得れば、責任を果たしたと教会から足が遠のくのです。息子は嫁さんが欲しくて急遽、統一教会員になっただけで信仰はありません。こういう男性でも、日本の女性信者には、メシヤが生まれた韓国の男性はそれだけで霊的に高いと紹介されたのです。

日本人女性の居住地域ですが、二〇〇〇年と二〇〇五年の韓国国勢調査により在留邦人数を地域ごとに男女比で見ると、明らかに都市部は日本人男性が多く、地方に日本人女性が多いのです。二〇〇〇年で見ると、金大中元大統領の出身地全羅道は女性が十九倍でした（男性が多いのはソウル・釜山・済州島だけです）。

困難な生活

地方でも平穏な生活を送ることができれば問題ありません。韓国の統一教会家庭局国際部が刊行している月刊新聞『本郷人』には、互助会の援助対象者が紹介されています。以下は事例の要約です。

●保証人になり、借金が1億ウォン以上（以下、一ウォン＝0・1円）。経営していた食堂をやめ、家も競売に出したが、売れない状態。夫が土方、妻が日本で経済復帰した収入で暮ら

す。夫はストレスのため十二指腸潰瘍で出血したが、土方を続けている。＝米40kg×6カ月支給
●小さな工場を経営しているが、収入がほとんどない。借金が約5千万ウォンあり信用不良者となっている。妻の日本語教師のアルバイト20万ウォンで生活。＝米20kg×6回（1年間）支給
●夫が未婚の母になった義妹にクレジットカードを貸し、3千万ウォンを超える借金になり、信用不良者になった。毎月60万ウォンの返済があるが、夫の収入が不安定。＝米20kg×6回（1年間）支給
●夫が失業し、やっと就職先がみつかるが、借金と家賃を払うと生活はぎりぎり。＝290万ウォン貸与
●義兄が夫の名義で携帯電話を買い、膨大な使用料金を払わずにいたため、夫が信用不良者になる。就職もできず、夫自身も借金をつくる。二番目の子がアトピーだが、薬を買うお金がない。＝30万ウォン支給

日本人妻が夫を殺害した事件

二〇一二年八月二十一日、統一教会の日本人女性信者が夫を殺害しました。事件現場は大ヒットし

た韓国ドラマ『冬のソナタ』の舞台となった江原道（先の男女比では二〇〇〇年時は十四倍）の春川の自宅です。事件の取材にあたったジャーナリストの石井謙一郎によれば、女性は五十二歳、一九九五年の合同結婚式に参加して渡韓、当時から夫は無職。国からの給付金三万円と女性の一日十二時間の食堂・家政婦の仕事による約三万円の給与で生活してきました。夫は十年前に腎臓病になり、人工透析の費用が生活を圧迫し、にもかかわらず夫は酒を飲み、暴れ、女性に暴力をふるっていたといいます。女性は鬱状態になり、家族が日本への帰国を促すために来たのですが、拒絶し、この事件に至ったというわけです（『週刊文春』二〇一二年十二月六日号）。

貧困と夫による暴力に苦しむ女性たちが少なくないことは、私も在韓女性信者への調査によって聞いておりました。その背景には、①元来、生活の基盤がしっかりしていない男性と結婚する割合が高いこと、②日本人女性は韓国語を学習するものの、夫や夫の親族と十分なコミュニケーションが取れない人がいること、③日本の親族から物心両面にわたるサポートを得られない人が多いこと、があります。

下降婚

在韓女性信者を調査してきた中西尋子氏の言を借りれば、女性が不幸になる蓋然性が高い理由は、「下降婚」だからです。その意味は、自分の出身階層や経歴以下の人と結婚することです。女性は通例、自分と同等かそれより上位にある階層や経歴の男性との結婚を望み、とりわけ、女性の職業継続が難しい社会では、結婚相手を家族が慎重に見極めます。今でいうところのリスク・ヘッジですね。昨今の結婚しない若者が増えている背景には、女性の高学歴化によって学歴上位にある男性数が相対的に減り、また雇用の不安定化・非正規化によって稼げる男性が減ったことから、上昇婚を望む女性の相手が減少したことがあります。

それはともかくとして、下降婚は稀なのです。国際結婚も途上国の女性が先進国の男性と結婚するのが通例です。統一教会の女性信者の出身階層は日本の中流家庭であり、本人たちの学歴も短大卒・大卒が半数、都市生活者が多いのです。こうした女性たちが韓国で結婚運に恵まれない男性に嫁ぐとしたら、その生活基盤は危ないものになりがちです。

統一教会から訴えられた理由

二〇一〇年三月、私と中西尋子氏共著で北海道大学出版会から統一教会による日本宣教の実態を解明する学術書を刊行しました。

①なぜ韓国のキリスト教系新宗教が日本で五十年も活動を続けているのか？
②年間数百億円も信者に稼ぎ出させる資金調達と勧誘の戦略とは何か？
③日本の女性信者約七千名の暮らしぶりはどのようなものか？

私たちは、この三つの問題に現役信者と脱会信者百名に及ぶ証言と、教団文書、裁判資料から迫りました。

この書籍について統一教会は筆者に対しては何ら抗議をして来なかったのですが書籍を紹介した記事「韓国農民にあてがわれた統一教会・合同結婚式　日本人妻の『ＳＥＸ地獄』――〈衝撃リポート〉北海道大学教授らの徹底調査で判明した戦慄の真実」（『週刊ポスト』二〇一〇年六月四日号）に対しては出版社へ抗議を申し入れ、街頭デモを繰り返し、二〇一〇年十一月に小学館を提訴しました。

統一教会の言い分としては、①極端な見出しで在韓女性信者の名誉が毀損されたこと、②在韓女性信者の「多数」が、「貧困」にあえぐような暮らしぶりというのは実態とかけ離れており、多くの信者が幸福に暮らしているというものです。統一教会は、中西氏が韓国で調査した一地方の信者全員について所在地と氏名を洗い出し（書籍ではすべて匿名にしたにもかかわらず）、全員から陳述書を集めて中西氏の調査内容を否定しました。

証人尋問

私は二〇一二年九月五日、東京地方裁判所に出廷して証人尋問を受けました。主尋問は小学館側の弁護士から、統一教会研究の全般と書籍作成の経緯、裁判で争点になっている個所についての見解を問われました。反対尋問は統一教会員の福本修也弁護士からなされ、二つの争点について問われました。福本弁護士の言い分としては、①韓国在住の統一教会信者の居住地には都市部が入っており、多数が地方在住ではない、②『本郷人』記載の例や中西調査の事例は代表例ではなく、今では生活も安定している、③「SEX地獄」が事実なら証明しろ、ということでした。

「多数」が絶対多数か過半数といった割合を意味するか、あるいは具体的な実数なのかと禅問答のようなやりとりをしましたが、数百名、千名単位の生活困難者がいるだけでも問題ですし、その実態は韓国在住の統一教会信者からも十分聞き及んでいることです。現在の生活条件から、子どもたちを大学に進学させられるかを考えただけでも、今では幸せになっているという言い方の一面性が明らかです。幸福は客観的条件に支えられて主観的な満足感が生まれるものです。

性を統制された祝福家庭とは

統一教会は、青年信者たちに男女交際を禁じ、合同結婚式まで純潔を保持するよう命じます。式の後、結婚生活は「三日行事」を経て始められます。これは、初日、二日目、三日目と夫婦の交わり方について微に入り細に入り、統一教会の家庭部長が文書で指示します。簡単に説明すると、文鮮明夫妻の写真に礼拝後、「女性上位で愛の行為」を二日間行い、三日目に「男性上位で愛の行為」を行います。このシンボリズムは、女性がメシヤの霊肉を受け、原罪から男性を救うべく女性主導で性行為をなし、次いで、女性によって罪から解放を受けた男性が対等の立場で性行為をなすというものです。

体位から射精の有無までチェック項目があります。「三日行事」を成功させたカップルが祝福家庭となるのです。

統一教会は、禁欲時代から性行為まで性を統制することで、人間の人格の最深部まで握ってしまいます。もちろん、カトリックでは聖職者に、出家主義の仏教では僧侶に禁欲を命じますが、性から離れることのみ統制し、できない人は在俗の信者として生きることを認めます。初めての性行為に対してメシヤの視線を感じさせるというのは、かのミシェル・フーコーすら想像しなかった、性へのパノプティコン（刑務所の全展望監視システム）です。

宗教は性の問題を慎重に扱ってきました。性は人間の情念や人格と結びつき、しかも、その支配が権力そのものとなるからです。統一教会は「性」を教義の中核に据え、救済論にまで高め、なおかつ信者たちに実践を命じるのです。仏教にはタントリズムの流れもありますが、歴史宗教では慎重に避けられています。

ともあれ、統一教会は日本人に対して合同結婚式参加者に百四十万円の祝福献金を要請しており、これが教団の資金となっています。また、韓国の嫁不足問題を救う慈善活動を行うことで韓国社会から評価されます。このような世俗的利害こそ、国際合同結婚を進めた統一教会の基本的戦略ではないでしょうか。

5 摂理と霊感商法

なぜ人は霊感商法に騙されるのか。なぜ、手相占いや姓名判断、家系図診断を信じるのか。信じた人たちは心の弱かった人なのか。信じ込ませた霊能者役の統一教会信者は、とんでもない悪人だったのか。数千億円を稼ぎ出し、日本を金のなる木に変えた統一教会の錬金術とは何だったのかを解説する。

永久機関と錬金術

永遠の輝きといえば、ダイヤモンドを形容する定型句です。人間は永遠なるもの、輝くものに魅せられるようです。

錬金術という言葉を聞いたことがあるかもしれませんが、古代ギリシャ、中世のイスラーム、ヨーロッパ世界、あるいは中国にも存在した卑金属から貴金属を精錬する試みです。錬金術では金を精錬することはできなかったのですが、錬金術師たちは様々な物質を熱し、混合していわゆる化学的変化を学習し、副産物として蒸留手法を確立して化学物質を抽出したり、火薬を発明したりしました。自然科学を産み出したのです。翻って、現代において錬金術は詐欺的手法の別名でもありますが、教育、商売、健康法や医療の領域で疑似科学として入り込み、自然科学あるいは医学的にありえない効果・効能がうたわれることがあります。

錬金術と同様に近代の実験家たちは、永久機関を探求しました。永久機関とは外部からエネルギーを取り入れずに作動し続ける装置ですが、不可能であるとされます。ここでも実験や考察の過程において、熱力学の第一法則（エネルギー保存の法則）と第二法則（エントロピー増大の原理）が発見され、自然科学の進歩につながりました。

さて、このような話から始めたのは、①錬金術や永久機関といった非現実的な目標であっても、とことん探求すれば化学的事実や法則の発見に至ることがあるということと、②疑似科学や問題の多い宗教に対する合理的批判が、科学や社会発展のためには現代でも有効だということを確認するためです。

終末の予言

二〇一二年十二月二十一日から二十三日に人類が滅亡するというマヤ暦の終末論が世間を賑わせ、

中国の公安当局は「全能神」という邪教（膜拝団体）が活動を活発化したとして組織の摘発を行いました。実は、二〇一三年一月十三日にも一つの予言がなされていました。統一教会（世界基督教統一神霊協会）の天宙平和の王真の御父母様こと故文鮮明《ムン・ソンミョン》教祖は、天一国の完成年月日としたのです。

天一国とは、文鮮明を神とし、霊界と地上界、諸宗教・諸国家、全人類が一体化する地上天国です。統一教会員であっても、天一国への入籍証交付には、ソウル龍山駅近くの教会（天福宮）建設の献金と文鮮明の自叙伝四百三十冊の知人への配布（購入）が条件とされたのです。『平和を愛する世界人として』という不思議な本を手渡された人はいませんか？

ところが、文鮮明の死後に権力を掌握した妻の韓鶴子《ハン・ハクジャ》は、天一国の完成には言及せず、一月十三日より「七年路程」の開始を宣言しました。すべての苦労が報われると信じていた日本の統一教会員が、七年間の献金要請を予測して天を仰いだことは想像に難くありません。幹部は別として、平信徒は保険・年金を解約し、有り金すべてを捧げてきました。

終末や千年王国始まりの予言（正統なキリスト教ではない以上、預言ではありません）は、多くの人の人生を狂わせます。他方、捧げてもらった方は恩義を感じるどころか、予言が外れたところで痛くもかゆくもないのです。世界に滅亡が来なかったということは有り難いことだし、あなた方の信仰のたまものとでもいっておけばよいでしょう。あるいは、日暮れて道遠しとなったのは、あなた方の信仰が足りなかったからだと逆に責任転嫁するというやり方もあるのです。

「摂理」と霊界

統一教会という組織は文鮮明ファミリーや幹部にとって打ち出の小槌、永久機関のようなものでしょう。そのシステムは「摂理」という教説です。教義によれば、神は復帰の計画すなわち摂理を立てました。慈悲深くも95％の段取りを神様が準備し、残りの5％のみ人間が遂行すれば救済は成功したはずでした。ところが、イエスが十字架にかかる前の四千年間、その後の二千年間、人類は5％の責任を全うできず、神の創造世界が完成しなかったので再臨主である文鮮明が最期の仕事として天一国を準備した。この完成は信者の頑張り一つだよ、というわけです。

摂理、5％の責任分担という発想は、永遠に信者の献身を引き出せるシステムを構築しました。もっとも、強盗ならいざ知らず、出せと言われてすぐ出すほど人はお人好しではありません。脱税は刑事罰の対象ですから、税金の納付は強制的なものといえます。ところが、献金しないからといって教会から破門されるわけではないのです。では、なぜ統一教会の人たちは、時に自己破産に至るほどの献金をするのでしょうか。

統一教会の世界観はキリスト教を生み育んだ地中海世界のものとは異質であり、東アジア的なものです。アリストテレスの「形相（性質）と質料（存在）」や仏教の「性相（性質と物質）」のような哲学的分類として、統一教会は「性相と形状」という概念を用いるのですが、それが陰陽思想や魂魄・

鬼神の民間信仰を色濃く反映させ、霊界と地上界が合わせ鏡となったような世界観なのです。霊界には地上界を去った霊人たち（先祖）がおり、地上人による祀りや慰めを求めているとされます。先祖祭祀の世界観です。

先祖、霊界が求めれば応じざるを得ない、そうしなければ障り・祟り・災いが生じるという宗教文化は東アジア特有のもので、儒教や仏教とは本来相容れないものです。これが民俗宗教のうちは祭祀といっても素朴であり、招魂儀礼・死者の口寄せもまた懐かしさのうちでした。ところが、祭祀や憑依儀礼を生業にし、さらなる儲けを企む段階になると、霊界や霊能は錬金術の域に入っていきます。組織的にやれば霊感商法となるのです。

姓名判断・家系図診断

統一教会では、教会として伝道をしません。これまで述べてきたような教説や活動実践を道行く人々に呼びかけ、冊子にして配ったら、誰が自らの意志で門を叩くでしょうか。

地区または教域と呼ばれる地域単位で、ビデオセンターやカルチャーセンターと呼ばれる施設を作り、そこに街頭や個別訪問で勧誘してきた一般市民を招き入れます。青年信者の場合は、ビデオセンターにおいて「教養講座」、主婦層に対しては（後に青年層に対しても）「姓名判断・家系図判断」などを受けさせせます。布教の初期に、教団名はおろか宗教の布教ということも明らかにせず、教養的な内容を学習する場だから安心するようにといい、受講を継続させるのです。
「姓名判断・家系図判断」等は、一九八〇年代に誘い込みの手法として日本の統一教会が開発しました。

統一教会が姓名判断に用いる方法は、桑野式姓名判断に準じていますが、勧誘の糸口を作り出すに過ぎません。つまり、被勧誘者に人生の転換期であることに気づかせる、ないしはそのような想念をいだいた人をターゲットにするという手段です。

姓名判断とは、姓名の画数一画から五十五画までそれぞれに運勢があるというもので、姓の画数（天格）には晩年の運勢、姓と名の一部を足した画数（人格）には中年期の運勢、名の画数（地格）には青年期までの運勢が現れるといいます。大谷翔平という人は大リーガーの大谷翔平と同じ運勢を持つというおめでたい占いだということもご承知置きいただきたいと思います。子どもの名付けに多くの人は気にかけるのですが、いくらいい画数（いい運勢）を揃えても、日本では女性は結婚後、夫の姓に変えるために画数は変わり、凶数が出てくるのです。

霊感占いのマニュアル

統一教会は占いを信じない方、順調な人生の方を誘いません。半信半疑の人、悩みを抱えた人に食いつくのです。画数占いに加えて複雑な（？）計算によって次の悪因縁があると主張します。

同教会の『鑑定秘訣集』には
《家庭衰運、肉親結縁相剋、運気不定浮沈、逆恩因縁、色気運、色情因縁、中途挫折、子運気相剋害、夫運気剋害、扶養金銭型、水の財運、夫婦縁傷害、循環系統傷害、子縁うすい、怨讐、目・手足断つ肉体傷害、夫婦縁破れる、横変死、二重人格、脳障害等々》
とあります。

ところで、統一教会は筮竹や算木を用いた易や四柱推命ではなく、なぜシンプルな姓名判断を使うのでしょうか。画数を計算して数ごとの吉凶をあてはめてトーク・マニュアルを作成することが容易であり、素人占い師を大量に養成することができるからです。脱会者の方が昔使っていたマニュアルを提供してくれました。「占い声掛けトーク・マニュアル」にその心得が次のように書いてあります。

《さあ、あなたはみ旨占い師。自信をもって、しかし、当てることにこだわらないで相手が自分の問題点、課題に気づけるようにトークしよう！》（東京地方裁判所平成十五年（ワ）第二八八〇〇号損害賠償請求事件、甲B第一一五号証『マニュアル』二十頁記載）

こうして転換期や悪い運勢に気づかされた人たちが次のステップに進みます。家系図診断です。詳細は省略しますが、親族関係を聞き出した後、家系図を書き出して、悪い運勢は先祖の不適切な所業のゆえんであること、そのために先祖も地獄で苦しんでいること、現世のあなたの供養によってしか救われないし、それによって運勢は転換できることをしつこく説得するのです。なるほどと思ったら最後、さらなるステップが待っています。

センターか「霊場」と呼ばれるホテルの宴会場などに連れて行かれ、高麗大理石の壺や高麗人参濃縮エキスといった物品（時に宝飾品や絵画など価格の相場が素人では分からないもの）を紹介され、先祖が求めているというわけです。価格は人の懐次第。私の調査では原価数千円の大理石の壺が五十万円から五百万円くらいまでの価格帯で売られていました。

最近はこうした物品販売では特定商取引法違反で捕まってしまうので、何も売らずに、献金しないと先祖が苦しむとか、障りがあるとか言うようになってきました。「そう言われてもお金がない」とでも言おうものなら、生命保険、学資保険、個人年金の解約、あるいは登記簿謄本の提出を求められることもありました。

ここまでエスカレートするのはなぜでしょうか。やる側とやられる側から考えてみましょう。

なぜ言われるままになるのか

統一教会に霊能師はいません。霊能師としていっぱしの口上をゲスト相手に操れるよう訓練された信者です。私は霊能師役の元信者たちを調査した際、そんなことをしそうにもない清楚で賢そうな彼女たちが、なぜ、目の前の女性や高齢者を震え上がらせて金を搾り取れるのかと尋ねたことがありま す。

分かったことは、①霊能師の業務はラインの流れ作業にすぎないこと。「お金は会計担当が金庫を開けて袋に詰めて裏会計へ持っていく。私は全然知らないんです」。②霊能師は感情移入しないこと。「お祈りしたらもうその人のことは忘れるんですよ」。③霊能師はメシヤの代理に過ぎないこと。「自分が決めたんじゃない。メシヤがお決めになった。罪悪感もいだかない。（自分は）あくまでも通過点、無の境地でした」

ただ言われるままにやり、それを信仰と信じ切っていたのです。彼女たちは猛省し、心に深い傷を負っていますが、人生を狂わされた人にとっては許しがたいことでしょう。これはオウム真理教をはじめカルト団体が信者に一線を越えさせようとする時にいだかせる心理状態です。

献金の実額と心理的負担

統一教会による霊感商法の被害者は一般市民ですが、信者になってしまった人であっても際限のない献金強要に応じます。どうしてやすやすと多額の献金をしてしまったのでしょうか。私が意見書を提出した裁判の被害者は五億円を超える被害を受けていました。

行動経済学という学問は心理学と経済学をミックスして商取引や公平感などを明らかにしてきたのですが、その知見を援用すると分かりやすい策略が見えてきます。

霊能師が新規の顧客か信者に十万円の献金をさせ、一カ月ごとに同じく十万円の献金を要求するとします。初回はまるまる十万円を出すので、信者にとってゼロから十万円への飛躍は無限大ともいえ、信仰があったとしても大いに悩みます。ところが、二回目に十万円を出すと、心理的負担は十万円から二十万円と二倍の飛躍になります。これが三回目となると二十万円から三十万円となって一・五倍の飛躍でしかなくなります。

この調子で献金を出し続けていくと何回目かには、十万円というのは実にたいした額ではなくなってしまうのです。資産家の場合、初回が数百万円、数十回後の百万円など記憶にも残らない負担感になります。霊能師は、最初に信者に献金させることさえできれば、あとは同じ説得の労力をかけずとも同額の献金を得られるのです。

実はサラ金や闇金から金を借りる心理も同様であり、最後はお金を借りることに何らの抵抗感もなくなります。借りれば負け、貸したもの勝ちの世界です。

限界効用の低減と蕩減条件

全国霊感商法対策弁護士連絡会がまとめた一九八七年から二〇二一年までの統一教会による霊感商法・献金強要の被害金額は千二百億円を超えています。被害はなくなりません。統一教会は今でも正体を隠した勧誘によって新規の顧客や信者を開拓しています。

統一教会に尋ねてみたいのです。これだけの金額分の御利益を市民や信者たちに与えましたかと。

五十万円の壺を買った人がいました。五十万円相当の御利益や安らぎを一時は得たとしましょう。これで何回か壺を同額で購入し続けたとすると、御利益感はだんだん薄らいできます。最初は父方祖先、二回目は母方祖先、三回目は妻方祖先、四回目はどこの先祖になるでしょうか。統一教会は賢く七代ごとに先祖の怨みを解くと効能に制限を付けているのですが、それにしても御利益感は薄れましょう。

統一教会にぬかりはありません。摂理と霊界のところで神の働きには5％の人間の責任分担が必要だと言いました。いくら壺を買い、献金をしても、その5％に達したかどうかは、出す方が勝手に判断してはいけないのです。それは取る方である神様の専権事項です。だから、おかげがない、効能がないとしても、それはあなたの信仰に不足があったからで済まされます。

しかも、統一教会がただものではない証拠として、「蕩減《とうげん》条件」という恐ろしい神様の原理まで用意しているのです。人間が5％の責任分担に失敗すれば、摂理は延長され、弁済のための負担は何倍にも増える。それが原理というわけです。

このような次第で、日本の統一教会信者の中には破産するまで献金を出し続けるような人もいますし、現物がない人は労力というわけで霊感商法に従事しなければなりません。統一教会は宗教行為を錬金術に、宗教組織を永久機関に変えようとしました。

6 大学のカルト対策

統一教会は真に困っている人への布教を行わない。のびしろのある学生、労働力が期待される青年、お金を持っている中高年の女性がターゲットになる。大学でカルトにご注意といったオリエンテーションや学生相談がしっかりなされていれば、学生たちの入信者は減り、その結果、若者たちによって勧誘される中高年女性たちも減少する。大学をカルトの草刈り場にしない。このことの意味をしっかりかみしめていただきたい。

なんたる過保護というなかれ

四月は入学式や入社式が行われ、人生の新しい門出を祝う人たちで華やぎます。決意も新たに新学期を迎えようという生徒や学生たちも多いでしょう。元気な子どもたちや意欲に溢れた若者を見ている大人たちも生命力のおすそ分けをいただける季節ともいえましょう。

　大学教員にとっても、四月は新しい授業科目に取り組んだり、研究プロジェクトを開始したりする節目の季節であり、学生たちと共に気持ちを新たにしています。私にとってこの時期は、新入生のガイダンスや授業時間の最初の一コマ目に「カルトにご注意」と学生たちに注意を喚起する重要なイベントが控えています。

　高校生から大学生への移行は、親元を離れてアパート暮らしを始めたり、自宅生であってもサークルやバイトで深夜に帰ったり、泊まりがけの合宿や旅行に出かけることも許容される大きな転換期になります。昨今は、受験、家探し、入学式まで男子であっても親がつきっきりの学生が増えており、いよいよ一人暮らしとなると急に寂しくなるようです。

　大学生協はミールカードという生協食堂で一日あたり五百円、もしくは千円以内なら食べ放題というお得なプリペイドカードを勧めており、毎日の食事記録を月一回保護者に知らせるサービスを始めています。北海道大学でも半期ごとの学生の学修簿（単位取得と成績の記録）を学資支援者に届けるサービスを十年近く前から始め、ほぼ九割方の親が希望し、学生も同意しているのだそうです。一年時の教育では自動の出席確認システムがあり、連続欠席が続くと担任教員に連絡が行き、電話等で様子を確認することになっています。

なんたる過保護、自立心のなさよと嘆く読者の姿が見えてきますが、ご自身や親戚のお子さんを思い浮かべてください。親にしてみれば、自宅外なら国公立であっても四年間の学費・生活費で一千万円相当の仕送りが必要です。適当に過ごして留年されたら困ります。大学にとっても、留年を重ねて卒業の見込みが立たない、就職先が決まらないことから前途を悲観する学生（自死者も出る）が昨今増えており、その精神的なケアに家族に関わってもらいたいのです。

現在、放っておけば勝手に育つ、学ぶ、遊ぶ、卒業して就職していくといった学生像を前提に大学教育や学生支援を行っている大学は、日本全体の数パーセントではないでしょうか。北海道大学では、授業でわからないことを教える学習アドバイザー制度、ボランティア支援室、上級生が下級生の相談に乗るピア・カウンセリング室などに力を入れており、ともかく新入生が大学生活に慣れ、授業についていけるようサポートしております。私の見るところ、七割方の学生にはここまでやらずとも学生生活を乗り切ることができるように思われますが、残り三割の学生のニーズには応えています。

カルト予防のガイダンスも消費者被害や世間智を教えることから始めます。

大学がカルトの草刈り場に

二〇一二年に北海道大学で開催された日本学生相談学会大会のシンポジウムにおいて「大学のカルト問題」が取り上げられました。大学でカルト対策を行う教育、法律、学生相談上の根拠を明確化させる必要性から『大学のカルト対策』という本を北海道大学出版会から刊行しました。
執筆者の一人である川島堅二東北学院大学教授は二〇〇九年に全国大学カルト対策ネットワークを立ち上げ、現在百五十校余りが加入してカルトの動向や対応策の情報交換をしております。川島氏が三百七十五件の相談事例を集計したところ、事例中20％が摂理、18％が統一教会と原理研究会（CARP）、16％が浄土真宗親鸞会、8％がヨハン教会、その他38％の中にオウム真理教（アレフ）、冨士大石寺顕正会も含まれていました。

なにゆえにこれらの団体が大学にカルト団体と認識されているのかというと、①ダミーサークルやダミーサイトなどを用いる正体を隠した勧誘、②強引で執拗な布教によって学生を畏怖困惑させる、③学生が活動にのめり込み過ぎて学業や日常生活に支障が出る、④教員や保護者の意見に耳を傾けないよう教唆されている、といういずれかの社会問題性が認められるということであり、団体の宗教性や教説の理非を問題にしているのではありません。

同じく執筆者の久保内浩嗣弁護士によれば、憲法第二十条第一項に述べられた「信教の自由」はカルト的信仰やカルト団体の設立と存続も認めるものです。しかし、個人と教団の利益が対立した時は個人の信教の自由が優先されるのが法律解釈の通例であり、教団による布教の自由は個人の宗教選択の自由を侵害してはならないとされます。正体を隠した勧誘や、拒否しているのに布教を継続する行為は信教の自由の侵害にあたるのです。

そうであるにもかかわらず、大学のキャンパスはカルトの草刈り場となっているのが実態であり、こうした信教の自由の侵害を許容し、学生をカルトの勧誘にさらしておくのは大学の過失とされるのです。これも法律的議論になりますが、国公立大学法人・私学ともに学生と大学は在学契約を結び、学生は大学に授業料等を支払う代わりに大学に勉学のための環境整備・安全配慮義務を求めることができます。もちろん、完全な安全を保障できるわけではありませんが、その努力もしないような大学には、義務の不履行ということで、学生がカルトに巻き込まれ不利益を被った場合、大学の過失責任を追及できるのです。

では、どのようにして学生の学習環境を守ることができるのでしょうか。これについては前記の書籍を参考にしていただきたいのですが、簡単にまとめると、次のとおりです。

①新入生ガイダンスにおいてカルト勧誘の実態を知らせ、ポスターやチラシで注意を喚起する、②学生支援課や学生相談においてカルトに誘われた学生の相談や家族の相談に対応する、③団体や事案によっては警察や弁護士と連携して対応する、④教養教育の充実によって自分の頭でものを考えられる学生の育成を徹底する、となります。④がカルト対策の要でありながら、一番難しい課題でもあります。

それはなぜかということですが、これは大学という教育の現場だけで奮闘すれば達成できる目標ではなく、現代の若者を取り巻く社会状況や社会意識との兼ね合いで考えるべき問題だからです。若者の宗教意識や若い世代に宗教をどのように伝えたら伝わるのかという問題にも関わりますので、この後は若者の意識や行動を考察してみましょう。

若者の自己承認とカルトの罠

承認とは、他者から認められて満足することと、自分で自分の生き方に納得する自己承認の二つがあります。人に認められるというのはひとかどの人物になるか、一仕事やり遂げた後でなければありえないと思うのですが、昨今はそうでもないのです。

その雰囲気を示しているのがヒット曲「世界に一つだけの花」です。

《そうさ　僕らは世界に一つだけの花　一人一人違う種を持つ　その花を咲かせることだけに一生懸命になればいい》（槇原敬之作詞作曲、SMAP歌）

この歌に癒しや励ましを感じる人と、競争を回避する生き方を訝ったりするむきを含めて解釈に幅があるようです。

一九八〇年代から九〇年代前半まではバブル経済に象徴される自己顕示がごく普通の意識でした。豊かになる、モノを持つ、消費する、ことで人生を楽しく、明るく過ごすわけです。消費文化に反旗を翻したオウム真理教のような、ストイックさを装ったチベット仏教系オカルト団体も現れましたが、根っこの部分には勢力拡大・世界支配をもくろむ拡大志向があります。ところが、九〇年代中後半から二〇〇〇年代にかけて失われた二十年、就職氷河期、ロスジェネ（失われた世代を意味する若年非正規労働者の増加）のなかで、若者たちは内省的傾向を強め、昨今は「さとり世代」と評される自分思考に変わってきたとメディアは報じます。

自分で納得できる生き方がしたい、自分に満足できる生活がしたいというわけです。ところが、バブル期を経験した日本では満足できる消費生活の水準が高く、安定した暮らしを確保するために半数以上の学生たちは大企業や官公庁を志向します。就職の選考や面接で選抜されるように「自分」をアピールするべく、「自分のやりたいこと」や「自分らしさ」をマニュアル本やセミナーで研修するのですが、なかなか自分らしさのキャラがたちません。内定のゴールに滑り込まない限りは社会的承認を得た実感はないし、自己評価や自己肯定感も下がる一方です。

自己承認の目標を低めに設定するか、目標を現実に合わせて素早く修正できる学生の方が就職先は早く見つかるようですが、就職試験の再チャレンジのために留年を重ねる学生もいます。この時が、自己分析や自己啓発の商業的なセミナーやカルト的な自己啓発セミナーからの誘いを最も受けやすい時期なのです。割り切って方向転換するのも重要です。

そうはいっても、自分は自分、人とは比較しないと覚悟を決めるのは難しいものです。昨今のスマホ携帯やフェイスブックなどのＳＮＳ（ソーシャル・ネットワーキング・サービス）は、「さとり世代」に他者への配慮や視線を異様なまでに気にさせる道具となっております。中高生では誰と誰がどうつながっているとか、書き込んでくれたらお返しに書き込まないと仲間はずれにされてしまうのではないかとか、つながりから外れる恐怖で日に百通を超える友人とのやりとりをする子がいます。大人でも自分が何をしているかを発信して、見てくれた人には御礼を言うという世間付き合いに相当な時間が割かれています。

情報技術の発展によって、社会的承認を得にくい、自己承認を持ちにくい社会において、匿名の他者による承認を得られる仮想社会（「2ちゃんねる」など）も生まれました。しかし、二〇〇八年の秋葉原通り魔殺人事件のように、その受け皿からもれ落ちた場合に精神的ダメージは大きくなります。二十五歳の青年が歩行者天国にトラックで突っ込み、十七名を殺傷（七名死亡）したのですが、家庭環境や進学の挫折、非正規労働、人間関係の悩みなどの背景に加えて、携帯サイト掲示板において無視され希望を失ったこともきっかけとして報じられているところです。

現在の大学にはサークル活動に所属しない学生が増えており、大学がわざわざピア・カウンセリング室や学習サポート室など学生の上下や斜めの関係をつなぐお手伝いをするほど、自分から外へ関係を求めていかない学生がおります。人と関わるのが面倒くさいというのもあるでしょう。その一方で人との関わりは独特の仕方で求めているのです。

カルトの勧誘・教化では承認を求める心理を巧みに利用しています。カルトによる勧誘被害が後を絶たないのは、《一人一人違う種を持つ　その花を咲かせることだけに　一生懸命になればいい》と思い切れないからにほかなりません。

サークル活動装う摂理の勧誘

「摂理」は全国大学カルト対策ネットワークにおいて最も相談事例が多い団体です。鄭明析《チョン・ミョンソク》が一九八〇年に韓国で設立したキリスト教系新宗教です。この教祖は統一教会に二年ほど所属した経験を有し、統一教会の教説に似た『三〇講論』を作成して、統一教会の文鮮明同様、自分を再臨のメシヤと称しています。生けるメシヤとして数十名を超える女性信者に性的暴行を加えたとされ、元信者から告発を受けて強姦容疑で指名手配、七年間海外逃亡をした後、中国で逮捕され、強制送還後裁判、二〇〇九年から十年間の懲役刑に服し、刑期満了後、現在は元通りの教祖生活を送り、韓国から日本のメンバーにも勧誘の檄を飛ばしています。

新聞や週刊誌、研究書等によって団体の教義・組織構造・違法活動が報じられているにもかかわらず、摂理の信者は減りません。学生を擬装サークル（フットサル、語学サークル、料理教室、音楽グループ等々）に誘い込み、見込みのありそうな者だけを教会組織に引き上げるやり方で常に信者を増やしているからです。学生たちは摂理のメンバーになると集団生活を始め、勧誘に特化した宗教活動を行います。

脱会した信者の証言では、現在でも鄭明析の相手として選抜された独身女性たちのグループ（「常緑樹」と呼ばれる）が組織されており、神＝キリスト＝鄭明析に貞操を捧げることを暗に教え込まれているというのです。もちろん、この段階では性的行為は隠されており、その場面に遭遇した女性信者たちは驚愕と恐怖、恥辱のあまりこのことを信者同士で相談することもできません。そして、こうした女性に先輩格の女性がメシヤに選ばれたことの栄光と使命を説くのです。

この団体の特異性は、教祖と関係を持った女性たちが組織内のエージェントとして鄭明析の意向を組織内に浸透させるという組織運営にあり、①教祖が最も気に入っている本部グループ、②各部署の報告者、③それ以外の女性たちが男性の教会役職者の頭ごしに隠然たる指導力を行使します。詳しくは、拙編著『カルトとスピリチュアリティ』（ミネルヴァ書房、二〇〇九年）を参照ください。

摂理は組織の中枢部に入るほどおぞましい世界が待ち受けているのですが、その周辺では擬装組織によるいわゆるサークル活動がなされています。学生と親密な関係を作りあげる勧誘自体は、学生同士の語らいや交際というクラブやサークル活動でごく普通に見られるやり方です。ただし、摂理の組織では男女が共同生活をしたとしても、恋愛関係は御法度であり、男女の性関係こそ堕落の原因とされ、徹底した罪意識と神との交わりによる救いが刷り込まれます。こうして教義も宗教実践も鄭明析との性交と組織支配に収斂するのです。

ともあれ、二〇一九年に鄭明析は七十四歳で出獄したのですが、摂理の勧誘を野放しにはできませんので大学は警戒を強めています。しかしながら、摂理の勧誘の手口は巧妙であり、教会組織に引き上げられない限りただのサークル活動なのです。しかも、そこでは高校までの学校生活や現在の大学生活では得られない他者からの承認が得られます。気分が落ち込んだ時、手紙やメール、会って何時間でも励ましてくれるのです。自分だけが真理を知って摂理を実践しているという満足感や使命感も生まれます。生き生きとした自分を実感できるわけです。この高揚感こそ罠です。

適切な自己承認の感覚を若い人たちにどのように伝えたらよいのでしょうか。「世界に一つだけの花」は、槇原敬之が一九九九年に覚醒剤取締法違反で逮捕されて再起を期そうという時に、仏教を通して自己を見つめ、作詞したといわれています（『朝日新聞』二〇〇九年十二月十日付夕刊）。《ナンバーワンにならなくてもいい　もともと特別なオンリーワン》の一節は「天上天下唯我独尊」からヒントを得たという話です。適度に努力し、自分の方向性を見定め、自分の価値を認めることが重要です。

第2部

統一教会問題をどのように解決するか

1 安倍元首相殺害事件

再び宗教が問われる元首相銃殺事件
安倍元首相への銃弾の真の標的とされた統一教会と政界の何が問題か

参議院選挙投開票の二日前、午前十一時三十一分、その銃弾は安倍晋三元首相の体を貫いた。それはわが国の宗教テロ事件として深く歴史に刻まれるほかはない。犯人の照準とされたのは宗教そのものかもしれないからだ。

自民党大勝につながった事件報道

安倍晋三元首相が、二〇二二年七月八日に奈良県の近鉄大和西大寺駅北側で街頭演説中に銃で撃たれ殺害されました。聴衆として銃撃の機会をうかがっていた山上《やまがみ》徹也容疑者が元首相の背後から手製の銃を発射したのです。ＳＰや警護員が虚を突かれ、安倍元首相を防御することができないまま、二発目の銃弾によって元首相は致命傷を負い、搬送先の奈良県立医科大学病院において亡くなりました。

ところが、九日の翌朝から参議院選挙が実施された十日まで選挙戦に影響を与えることを新聞各社はおそれ、詳細な報道を差し控えました。その代わりに、九日の新聞報道は「民主主義への暴挙を許さない」（朝日新聞社説）、「卑劣な凶行に怒りを禁じ得ない」（読売新聞社説）、「民主主義への破壊を許さない」（毎日新聞社説）、「テロに屈しないためにも投票へ行こう」（日経新聞社説）など各社横並びで安倍元首相個人と選挙制度に向けられた暴挙としてこの事件を最大限批判したのです。

しかし、奈良県警に事件現場で逮捕された山上容疑者は「（安倍元首相の）政治信条に対する恨みではない」「特定宗教団体に対する恨みがあった」と捜査関係者に話していましたし、容疑者の親族に対する取材から「母親が宗教団体の活動に熱心になり、二〇〇二年に破産し、同年に容疑者が海上自衛隊に入ったこと」も同日に報道されていたのです（『朝日新聞』二〇二二年七月九日付）。ただし、この教団がどこであるかは、ネットニュース『現代ビジネス』を除き九日には報道されませんでした。SNS上で統一教会らしいという噂が飛び交ったのです。

大手の新聞社や全国ネットのテレビ局は、報道を控えたことで明らかに参議院選挙に影響を与えました。後に見るように、自民党の参議院選挙候補者を含む多数の要職にある政治家が統一教会と関係があり、この不透明な関係に容疑者が怒り、統一教会への恨みの矛先を安倍元首相に向けたからです。

選挙後の十一日午後に統一教会が自ら記者会見を開き、田中富広会長は容疑者の母親が会員であることを認め、一部報道が始まっていた母親の献金額と自己破産との関連については詳細が不明としました。報道各社はこの記者会見以降、特定宗教団体を世界平和統一家庭連合（旧統一教会）と報道し、連日、新聞やテレビ、ネットニュースにおいて統一教会と自民党、政治と宗教の問題が繰り返し論じられたのです。

まさに、パンドラの箱が開かれました。災いは、統一教会による霊感商法や多額の献金被害に無頓着であったり、統一教会に利益供与を与えてきたりした政治家に向かうだけではありません。日本国内で元首相がテロによって殺害され、容疑者の動機が、自民党と統一教会の関係を抉《えぐ》り出すものであったということで、日本の治安状況や日本の政治に対する国際的な信頼を損ねるものとなったことは国民に対する災いでもあるのです。

そして、オウム真理教事件がそうであったように、国民に対する宗教の信頼度がさらに低下することは想像に難くありません。布施や献金、あるいは宗教法人に対する遺贈にも大きな影響を与えることでしょう。

統一教会三十年の研究者として

私は、タイの地域研究や東アジアの宗教文化と政教関係を研究するかたわら、カルト問題研究を三十年にわたって続けてきました。

中西尋子氏との共著である『統一教会―日本宣教の戦略と韓日祝福』（北海道大学出版会）は、二〇一〇年に刊行された統一教会についての学術書であり、Ａ５版で全六百五十八頁もあります。大部過ぎて実際に読み通された方は研究者でも少ないと思うのですが、実は四刷までいく異例の売れ方をしていました。統一教会の被害者の方々が、統一教会の教義と歴史、日本と韓国における活動実態、正体を隠した勧誘や霊感商法、韓国に合同結婚式で嫁いだ約七千人の日本人女性信者のゆくえ、などを学習するために購入してくれていたのです。

さらに、現役信者で読んでいる人がいました。山上容疑者のお母さんのような状況に置かれた信者がたまたま書店で本書を見かけ、購入して読んだところ自分と全く同じ入信過程や献金の実態が書いてあり、思わず北海道大学出版会に電話し、私の研究室に再度電話してきて小一時間話をし、最終的にだまされていたと気づき、私が被害金額一千万円相当を取り戻すために弁護士の先生を紹介するといったエピソードもありました。

このたびの報道後一週間で三刷目の在庫がなくなり、私が事件についての論考を増補して四刷を八月下旬に書店に並べました（現時点では初版で廉価版 Kindle 用の電子書籍がありますので品切れにはならないのですが、私も含め年配者には読みにくいですね）。

私は、事件後の二週間で国内外の二十社近くの通信社・新聞・テレビなどの記者から取材を受け、数社の報道番組に出演して統一教会問題を解説しました。授業や会議の合間がすべて取材対応で埋まってしまうようなメディアとの付き合いは、四十年近くの研究者人生において初めてのことです。霊感商法や多額の献金の問題を取材して記事にしようとするメディアはわずかでした。

今回報道番組以外にも昼のワイドショーなどでもテレビ局のフリップによる説明作成などを手伝い、時に番組に出演もして統一教会のことを伝えてきました。日中、自宅にいる主婦の方や高齢者が統一教会の資金源として利用される可能性が高く、振り込め詐欺同様の注意をしてもらわなければならないので、わかりやすく解説をしてみたわけです。

ここでは、次の二点について短くまとめておこうと考えています。

①山上容疑者は青少年期に母親が入信し、多額の献金をしたために容疑者の実家が経済的に破綻し、家族と自分の人生が変えられたと思い込まざるを得なかったと動機を語りました。

②安倍元首相と統一教会との関係は、その他の自民党タカ派政治家との関連も含めて一部のジャーナリストや『しんぶん赤旗』などのメディアによって報じられていました。ところが宗教法人の所轄庁である文部科学大臣の経験者と現職大臣も統一教会との関係があったこと（献金やパーティー券購入と返礼としての祝辞他／『週刊文春』二〇二二年七月二十八日号、『朝日新聞』七月二十三日付）、県知事や地方議会の議員にも統一教会関連団体との関係が広がっていることが報道により明らかになってきました（TBS「報道1930」二二年七月二十二日）。

なぜ、このような関係が維持されてきたのかを含めて説明しましょう。

一億円献金による家庭崩壊

山上容疑者は一九八〇年に建設業を営む父と母の次男として生まれました。病気の兄と妹がいました。彼は一九九六年に奈良県内では知られる進学校に入学し優秀だったようです。父親は容疑者が幼い頃に急死し、九八年に母親が亡くなった祖父から奈良市内の二カ所の土地を相続しました。この頃母親は統一教会に入信し、九九年に二回に分けて土地を売却し、教会に多額の献金をしたとされます（『朝日新聞』二二年七月十五日付）。

しかし、伯父の談として、母親の入信は一九九一年という報道が続きました。「入会とほぼ同時に二千万円、さらにすぐ、三千万円。そのあと三年後くらいに、現金で一千万円。合計六千万円。この原資は、保険金です。命の代償です」と述べました。しかも、統一教会に入信した母親は、韓国の統一教会の聖地（清平修練苑）を訪れるため、子どもたちを残して長期間留守にすることも多く、この伯父のところへ、山上容疑者の兄から「『食べるものがない』ってＳＯＳが来た」とのこと。九八年に「会社の事務所の土地を相続して、それの処分が二千万円。自宅の処分が二千万円。これが、総計一億円なんですよね。保険金と不動産でね」

この伯父は子どものために統一教会に対して返金を要求し、五千万円を取り戻したというが、母親の手で再び献金されたのではないかとも語りました（「情報ライブ　ミヤネ屋」二二年七月十五日）。

経済的に困窮するなかで容疑者は伯父による学資の支援を受けて専門学校に進学します。二〇〇二年に母親は自己破産しました。同年に容疑者は任期制の海上自衛官に任官します。二〇〇五年一月に容疑者は一度自殺未遂を起こし、伯父が海上自衛隊から連絡を受けたといいます（「情報ライブ　ミヤネ屋」前掲）。

自衛官を任期満了した後は、測量会社など複数の会社でアルバイトし、二〇一三年からは派遣会社員として働いてきましたが、二〇二二年五月中旬に体調不良を理由に退職しました。「金がなくなり、七月中には死ぬことになると思った」と供述し、「その前に安倍氏を襲うと決めた」と話しており、奈良県警は経済的な困窮が事件の引き金とみていると報道されました（『朝日新聞』二二年七月十六日付）。

山上容疑者が人生を変えられたという統一教会に対する恨みは持続的なものでした。

利用しあった自民党と統一教会・勝共連合

統一教会がなかなか理解しにくいのは、二〇一五年に世界平和統一家庭連合に改称したところにも現れているように、本体が宗教団体なのか、国際勝共連合に始まって今回問題となった天宙平和連合や世界平和女性連合のような国際連合NGOを含む政治団体なのか、あるいは日本で霊感商法を実施したハッピーワールドをはじめとする多くの企業からなるコングロマリット（韓国では財閥系企業体）なのか、きわめてわかりにくいということにあります。

統一教会は、これらの諸団体を別組織であるとか友好団体であるとかいってきましたが、宗教組織と政治組織のトップ（文鮮明《ムン・ソンミョン》教祖、死後は妻の韓鶴子《ハン・ハクジャ》総裁）が同じであり、経済組織も含めて、幹部が人事交流（本部の指令で諸団体間を移動）しているところからも一体のものとみなして差し支えはないでしょう。

ここで自民党との関連を少しだけ歴史的にたどります。

統一教会は、偶然か政治的なパイプがあってのことだったのか判然としませんが、日本の右派政治家や笹川良一のようなフィクサーたちと教団創設期から関係を持っていました。統一教会の日本宣教を開始した韓国人の崔奉春《チェ・ポンチュン》は密入国のために数度警察に連行・拘留を受けましたが、崔奉春の釈放と在留資格の取得に尽力したのが笹川良一でした。

また、統一教会は本部を一九六四年に世田谷区代沢から渋谷区南平台町に移転しますが、ここには岸信介の私邸があったのです。当時の日本は韓国や台湾と共に冷戦体制の真っただ中にあり、保守派の政治家は国内の学生運動や労働運動を抑えて共産化を防ぐ手立てに苦慮していました。韓国の朴正熙政権は統一教会とその別働隊である勝共連合を反共宣伝活動に使い、統一教会もまた政権庇護のもと勢力を拡大していたのです。おそらくは、日本でも同様な組織の有効活用が笹川と岸の間で検討されたのではないかと推察されます。

笹川と岸は一九六七年七月に山中湖畔の笹川私邸で文鮮明と会合を持ち、翌年一月に韓国で国際勝共連合が発足し、同年四月に日本の国際勝共連合が発足しました。

会長は統一教会会長である久保木修己、名誉会長は笹川良一、顧問団には玉置和郎他自民党政治家が名を連ねました。国際勝共連合は、アジアの共産主義化を防ぐ手立てとして、①一九七〇年の世界反共連盟会議、②一九七五年のアジア反共連盟大会、③一九七九年からスパイ防止法制定促進国民会議を日本で展開したのです（拙編著『アジアの公共宗教—ポスト社会主義国家の政教関係』北海道大学出版会、二〇二〇年）。

久保木たちは自民党議員を中心に「勝共推進議員」（百二十八人というリストもあった＝『週刊現代』一九九九年二月二十七日号）を増やし、大会にも動員しました。一九八〇年代から九〇年代にかけての保守系議員への食い込み方としては、統一教会の若手信者を選挙の運動員や私設秘書として無償で派遣するのが一般的でした。

統一教会員自身が政界に出馬した例としては、一九八六年、一九九〇年、一九九三年と三回の衆議院総選挙で落選した阿部令子がいます。阿部は自民党の渡辺美智雄の秘書となり、一九九〇年には自民党の公認を得ています。政策秘書となる前は、名古屋地区の高等学校原理研究会の責任者、全国大学原理研究会経済隊において霊能者役で霊感商品を販売していた経歴があります（有田芳生『原理運動と若者たち』教育史料出版会、一九九〇年）。

反共からジェンダー・バックラッシュへ

一九八〇年代から九〇年代にかけて、統一教会は霊感商法によって多額の資金調達に成功し、統一教会は国際勝共連合による右派政治家のロビイング活動や文鮮明のファミリー・ビジネスを支えていたのです。文鮮明は一九八一年に佐賀県の東松浦半島（唐津市）から壱岐、対馬を経て釜山へ至る全長二百二十キロの日韓トンネルの構想をうちあげ、地質学者や議員などからなる研究会や国際ハイウエイ財団を設立し、ここにも自民党議員が名を連ねていました。

ところが、一九八九年にベルリンの壁が崩壊して東西冷戦体制が崩れ、文鮮明が一九九一年に北朝鮮の金日成を電撃訪問して金剛山開発に資金援助の約束をして戻ります。共産主義打倒といった理念は消え失せ、はしごを外された初代の日本統一教会の会長であり国際勝共連合を率いてきた久保木は教団の主流派を去ることになります。

二〇〇〇年代以降の活動は国際勝共連合独自の活動というよりも、右派的政治運動として日本会議他の運動に協賛するような「ジェンダーフリー」反対キャンペーン（バックラッシュ）や、スパイ防止法から特定秘密保護法の制定に向けた運動に関わることになります。

原理研究会の大学生を動員した「ユナイト」は、二〇一五、一六年に国会議事堂前で反安保法制、反原発などデモを実施した「自由と民主主義のための学生緊急行動（SEALDs）」へ対抗すべく組織された学生団体です。こうして、現在の自民党政権の保守派の政治家たち、すなわち主として清和会の議員たちと統一教会の関係が維持されてきたのです。

安倍元首相のビデオメッセージ

二〇一九年十月六日に愛知県常滑市の愛知県国際展示場で、統一教会関連団体の「孝情文化祝福フェスティバル　名古屋四万名大会」が開催されました。そこに、統一教会の韓鶴子総裁が来日し、容疑者は火炎瓶を持って会場に行ったが、会場に入れずに襲撃を断念したといいます（『朝日新聞』二〇二二年七月十五日付）。なお、同大会には、愛知県の大村秀章知事がメッセージを寄せ、しかも前日には名古屋市内でＵＰＦ（天宙平和連合）が開催した「ジャパンサミット＆リーダーシップカンファレンス」では、細田博之現衆議院議長（安倍元首相の前の清和会会長）が基調講演をなしたとされます（『現代ビジネス』二〇二二年七月十四日付）。

翌年から新型コロナウイルスの世界的な感染のため海外渡航が制限され、「トップが日本に来ず、狙うのは難しいと考えるようになった」と容疑者は供述したようです。そのうえで、二〇二一年九月十二日にＵＰＦ（天宙平和連合）主催の「ＴＨＩＮＫ　ＴＡＮＫ２０２２希望の前進大会」に寄せられた安倍元首相のビデオメッセージについて、ネット上で、「この春にメッセージを見た」といいます（『朝日新聞』二〇二二年七月十五日付）。

ユーチューブに複数アップされていた安倍元首相のビデオメッセージには「百五十カ国の国家首脳、国会議員、宗教指導者が集う大会で、盟友トランプ大統領と共に演説できる機会を光栄に思う―ＴＨＩＮＫ　ＴＡＮＫ２０２２に大きな役割があると期待している―朝鮮半島の平和的統一に向けて努力してきた韓鶴子総裁をはじめみなさまに敬意を表します」という主催者への挨拶があります。その後は東京五輪が成功裏に終了したことを誇り、インド太平洋の地政学的な情勢を分析した後、世界平和統一家庭連合にも通じる家庭の価値を述べ、「偏った価値観を社会革命的な運動として展開する動きに警戒しよう」と保守的な考え方を披瀝したうえで「この大会が大きな力を与えてくれると確信している」とまとめていました。

このビデオメッセージに対しては、二〇二一年九月十七日付で「衆議院議員　安倍晋三先生へ」と題した公開抗議文が全国霊感商法対策弁護士連絡会から送付されましたが、返答は得られませんでした。同連絡会は、統一教会関連団体主催のイベントに国会議員や地方議員が参加した時に繰り返し注意喚起の書状を送っていましたが、ほぼ無視されていました。

自民党は本当に保守政党なのか

自民党と統一教会との関係はイデオロギーや心情を共にした盟友というよりも、互いに相手を利用し合った戦略的互恵関係という方がよいでしょう。反共活動という最大の目標が失われた以降では、日本の植民地支配に対する恨（ハン）を信念とするコリア・ナショナリズムの統一教会と神道政治連盟や日本会議などに結集する清和会の日本主義が野合する必然性は本来ありません。

双方には、保守的な家庭・地域・民族など共同性を重視する価値観が見られます。しかし、統一教会によって被害を被った一般市民や家庭を破壊された元信者たちの苦悩や困難さを放置したまま当該団体を利用するだけの政治家は、本来的な意味で保守政治を行っているのでしょうか。国民の人権と国の利益を守るために身体を張ってきたのかという意味です。

自民党政治家が統一教会のマンパワーを活用し、他方で統一教会は自民党政治家の看板によって自治体のイベントに食い込み、国会で統一教会の諸活動批判を封じるなどの恩恵を受けて関係を継続してきました。残念といわざるを得ません。

しかし、こうした野放図な関係は途方もないリスクをはらむものとなりました。山上容疑者によるテロです。

私は山上容疑者による私憤という当初の報道に対して、安倍元首相という大看板を利用して統一教会問題を最大限にアピールしようという容疑者の意思を感じていました。それは容疑者が犯行前に送付した手紙によって裏付けられることになったのです。

容疑者は、統一教会を批判するブログを実名で運営している男性宛に匿名で手紙を寄せていました。そのなかで安倍氏について、『本来の敵ではないのです』『最も影響力のある統一教会シンパの一人に過ぎません』と記述する一方、『安倍（元首相）の死がもたらす政治的意味、結果、最早（もはや）それを考える余裕は私にはありません』と、殺害を示唆していたというのです（『読売新聞デジタル』二二年七月十七日付）。

安倍元首相の死を無駄にしないためにも、事件の背景となった統一教会と自民党との関係を正し、統一教会による非公益的活動を検証し、国民が政教関係をしっかり監視しなければなりません。

国際勝共連合が設立されて五十六年が経過しました。岸・安倍の三代にわたった関係を断ち切り、一宗教団体が一国の政治に介入する事態に終止符を打たなければいけません。宗教団体による立法府（国会や地方議会において統一教会批判を封じる）や、宗務行政への関与（名称変更に伴う下村文科相〈当時〉の関与疑惑）は憲法第二十条に規定された政教分離に違反しているのです。

2

惑乱された日本の政治と宗教

多くの被害者をもたらす統一教会に日本の政治家が取り入った背景

安倍元首相殺害事件以来、時が経つほどに、統一教会と日本の政治家の癒着ぶりが白日の下となり、誰もが唖然、困惑というほかはない。このままでは政治と宗教に対する不信の度合いが高まり、日本において社会的信頼性が低下してしまう。

統一教会と自民党政治家の癒着

連日、新聞やテレビで旧統一教会（世界平和統一家庭連合）に関する報道が相次ぎました。政治家と関連団体（天宙平和連合や世界平和女性連合）との関係が相次いで明らかになり、統一教会が日本の政治にここまで食い込んでいたのかと多くの人は驚き、呆れたのではないでしょうか。

これまで報道されているだけで、百名を超える国会議員が統一教会や関連団体の会合に出席したり、団体側からパーティー券を購入してもらったりしています（『東京新聞』二〇二二年七月二十九日付「712人中108人」や、共同通信八月十三日付）。地方議員や自治体の長もまた関係を持っており、地域の新聞社が政治家へアンケートをしたところでは、自民党では約三分の一の人が国会議員同様の関係を持っているのがわかっています（『北海道新聞』二二年七月三十一日付「北海道内選出国会議員18人中6名」、『沖縄タイムス』八月七日付「98人中23人」、『長崎新聞』八月十三日付「11名中３名」）。改造内閣であっても副大臣・政務官に任命された五十四人中二十三人に接点がありました（『朝日新聞』二二年九月十七日付）。

なぜこれほどの関係があったのでしょうか。三つほど理由が挙げられます。

①選挙協力のうまみ（政治家）　無償で選挙運動員や私設秘書などを統一教会関連団体から派遣してもらえ、岸信夫氏（安倍元首相の実弟）は長年の付き合いがあることを認めています（『東京新聞』二二年七月三十一日付）。猫の手も借りたい忙しさとは言いますが、猫であればともかく、統一教会のスタッフがただということはありません。政治家は世話になっているのだからということで、祝辞を送り、団体のイベントで挨拶するなどして信者たちを激励することになります。また、義理ができることで統一教会に対する政治的な対応が鈍ることにもなり、今回の岸田政権がいい例です。個々の政治家が反省の弁を述べる程度でお茶を濁すしかなくなってしまうのです。

②フロント団体を通じた世論形成（自民党）　国際勝共連合が典型的でしたが、スパイ防止法制定（廃案になったが、二〇一三年に特定秘密保護法として成立）やジェンダーフリー反対運動などを通じて保守派の政治家の主張を草の根レベルで拡大していきました。戸別訪問やポスティングなど政権与党の自民党が直接やれないことをやるわけです。萩生田光一政調会長は、世界平和統一家庭連合が家庭の重要性を説き、世界平和女性連合が女性の活躍を支援しているから、接点を持つことになったと述べました（『朝日新聞』二二年八月十九日付）。文字面だけみればその通りなのですが、統一教会が理想とする真の家庭（文鮮明《ムン・ソンミョン》と韓鶴子《ハン・ハクジャ》を真の父母として合同結婚で信者同士が結ばれ、無原罪の子をなす）に照らしてみれば、自民党の保守政治家が考える家族像や日本の現実の家族などは偽りの家庭に過ぎず、本来双方の家族像は相容れないものなのです。二〇〇九年から一二年まで落選して浪人中だった萩生田氏は「青年指導者フォーラム」（当時の事務局長は家庭連合の田中富広会長）などで頻繁に講演し、八王子教会の礼拝でも講演することがあり、信者たちは萩生田氏の選挙活動も手伝っていたといいます（「TBS報道特集」二二年八月二十日）。

③フロント団体を利用しての布教活動（統一教会）　統一教会の真の狙いは日本国民を教化し、二〇〇一年に設立されたとされる「天一国」という統一教会の地上天国に日本人を入籍させることにあります。皆さんは荒唐無稽と笑い飛ばすでしょうね。もちろんこのような考え方を一般市民に説いて賛同者が多数現れる事態は考えにくいことです。そのことを統一教会も分かっており、

そのためにまず政治家に影響力を行使し、上から日本社会を変えようとしているのです。事実、地方自治体のイベント開催に統一教会の関係団体が相乗りし、政治家や企業家など地元名士と交流したり、市民向け講座を開催したりして統一教会の政治的主張を拡大します。天宙平和連合主催で全国六十二ルートにおいて平和を訴え自転車を乗り継ぐ「ピースロード」に関しては、岡山県の全市町村が関わり（ＮＨＫ、二二年八月二十日）、富山県でも知事・富山市長・県議会議員の関わりが報じられており（ＮＨＫ、二二年八月九日）、おそらく全国の自治体で同様のことが生じているでしょう。少しずつ、しかし、着実に日本人の思想改造が図られようとしていたのです。

これほど自民党政治に食い込んだ統一教会ですが、信者数わずか数万人の小教団です。なぜこれほどの影響力を行使できるようになったのか、その背景を日本の政治と宗教との関係からもう少し大局的に見ておく必要があります。

政教分離の憲法と政教密着の政治

日本では政教分離を厳格に理解している人が多いために、宗教団体が政治に介入することや、政治家が宗教団体と関係を持つことに対して違和感や異議を唱える人が多いと思われます。

日本国憲法第二十条

《いかなる宗教団体も、国から特権を受け、又は政治上の権力を行使してはならない。

2　何人も、宗教上の行為、祝典、儀式又は行事に参加することを強制されない。
3　国及びその機関は、宗教教育その他いかなる宗教的活動もしてはならない》

を素直に読めば、宗教団体による権力行使や行政機関による宗教活動の禁止を定めたものと解釈できます。

しかし、政府の公式的見解として、権力行使とは国や地方自治体が持つ立法権や課税、行政統治権のことであり、宗教団体を母体とする政党や宗教団体から推薦・支援を受けた個人が国会議員や地方議会議員になること自体を妨げるものではないと解釈されています。そして実際に、自民党に限らず多くの国会議員が宗教団体を広範な支持者として遇している実態があります。そのうえで、国会や地方議会が宗教活動を行う政教分離の原則に反したかどうかについては、目的効果基準が適用されています。すなわち、行為の目的が宗教的意義を有し、行為の効果が特定宗教に対する援助または干渉等になるような行為であるかどうかを吟味するというのですが、統一教会と自民党との関係にはグレーの部分が濃厚です。

戦後日本の政治と宗教との関係を見ていくと、戦後初の衆議院選挙（一九四六年）では伝統仏教の候補者八名に加えて天理教二名が当選し、第一回の参議院選挙（一九四七年）でも伝統仏教が三名、天理教が二名、一燈園の西田天香、生長の家教育部長一名が当選し、第二回の参院選（一九五〇年）にも天理教二名の候補者が当選しています。

教団の勢力を拡張していた新宗教は一九五一年に新日本宗教団体連合会に加盟することが認められ、中でも生長の家が活発に政治運動を推進し、一九五七年に同団体を脱退して、一九六四年に生長の家政治連合を結成して保守政治に関わるようになります。現在の日本会議に連なる保守的な政治運動の中核がここにできたわけです（中野毅『戦後日本の宗教と政治』大明堂、二〇〇三年）。

しかし、金光教は政治とは一線を画し、一九五〇年代後半には伝統教団や新宗教教団も政界に直接候補者を送り込んで自らの宗教的理念を政治に反映させ、新生日本を建国するやり方を断念するに至ります。その理由は、宗教的な背景を持った政治家は、教派・宗派単位でいえば数名に満たず、宗教理念だけで会派を結成することもできないためにあまりに無力だったからです。両議会における委員会の委員・理事、質疑時間は会派ごとの所属議員数に比例して割り当てられます。それならば、既成政党のなかに自分たちの宗教的な理念を理解し政治に生かしてくれる政治家を見出し、支援する方が得策であると各教団は了解したわけです。

例外は創価学会です。詳細は別の機会に論じたいと思っておりますが、創価学会は本来的に政治宗教の性格を持っているために政党を作り、創価学会人を政界のみならず各界に輩出する総体革命を目指しました。

一九六〇年代以降も参議院選挙においては新宗教団体を票田とする候補者が当選し、霊友会、世界救世教、立正佼成会、他、盤石の基盤を持つ創価学会が十名前後の候補者を当選させてきました。

というわけで、戦後日本の政治においては宗教団体と政治の関係は密であり、政治家の選挙戦術においで宗教団体を活用するというのは文字通りお家芸だったのです。

自民党の選挙戦術と統一教会

ところで、一九六〇年代から七〇年代にかけて創価学会＝公明党は中道政党と位置づけられたのですが、在家仏教の政党であるから中道というわけではありませんでした。この時代は五五年体制といって保守の自民党と革新の社会党が二大政党として体制の選択やイデオロギーの面で争い、宗教政党や教団から支援を受けた政治家は両極に与《くみ》できず、間に居ざるをえなかったのです。しかし、一九八〇年代に日本経済がGDPで世界第二位となり、産業構造が転換し（炭鉱・炭労の衰退）、国鉄がJR各社に再編され（国労の弱体化）、社会党が急激に支持基盤を失い、政界は中道政党を巻き込んで再編され、一九九〇年代に入って日本新党や社会党が連立政権を組むことになります。政界の変動は自民党が公明党と連立政権を組む一九九九年まで続きます。自民党と社会党から再編された民主党が二〇〇九年から一一年まで政権を担いますが、いわゆる風（政治的無党派層が選挙を左右する）が吹いたのはこの時期だけでした。

この二十年間は、清和会に属した小泉純一郎元首相が「自民党をぶっ壊す」と称して擬似的政権交代劇を演じ、安倍元首相が二〇一一年に東日本大震災の対応や株価低迷などで苦悩した民主党から政権を奪回して以降、自民党は連戦連勝だったのです。その間の基本的な選挙戦術は、なるべく風を起こさせない、固定票をしっかりおさえるということでした。

具体的にいえば、次の三つのやり方があったのでしょう。

①固定票を持つ創価学会＝公明党と連携　小選挙区の地方区において立候補者を調整することで死票を出さない、選挙戦で協力を行うことで創価学会＝公明党も政権与党であることで日本の権力＝エスタブリッシュメントになったのです。

②固定票を持つ中規模宗教団体との関係を強化　自民党政治家が神道政治連盟や日本会議（新宗教）などの保守的な運動体に積極的に関わり、靖国神社に参拝して愛国を強調するのは、単に自らの保守的な政治思想を表明したいためだけではなく、支持や後援を期待している宗教団体を意識してのことなのです。この傾向を日本の右傾化として日本社会全体が保守化していると見なした議論が数年前論壇に見られましたが、政治の実像には迫れていませんでした。

③固定票を持つ統一教会に保険をかける　宗教団体が票田といっても、創価学会や幸福の科学のように自前の政党を持つ教団だけが盤石の組織票を期待できます。その他の教団では、教団として支援や後援をしたとしても信者に投票を強く促すまではできないでしょう。日本にはここまで指導者のリーダーシップや信者の忠誠心が期待できるほど統制された教団宗教はもはやないのです。そこで、集票力のある教団として統一教会が浮上するわけです。もっとも、この教団票にアクセ

スできる人物は限られていました。

岸・安倍三代と統一教会の関係

岸信介元首相から安倍元首相へ三代続いた政界きっての名家が、統一教会とその関係団体である国際勝共連合と深いつながりを維持していました。

自民党には、平成研究会（元は経世会、吉田茂、佐藤栄作、田中角栄、竹下登、小渕恵三、橋本龍太郎を経て現在の茂木派につながり、二〇二二年八月二十二日現在所属議員五十四名）、宏池会（池田勇人、大平正芳、鈴木善幸、宮澤喜一、加藤紘一らを経て岸田文雄で、四十三名）の保守本流に加えて、清和会（岸信介の派閥を継いだ福田赳夫、安倍晋太郎、森喜朗、小泉純一郎、細田博之らを経て安倍晋三で、九十七名）の大派閥があります。

現在、清和会は群を抜いて大きいのですが、この二十年間で小泉純一郎、安倍晋三というキャラクターが濃く、選挙に強い政治家を得た結果でしょう。自民党が大勝すれば、いわゆるチルドレンも増えます。しかし、元々名前が売れておらず、選挙区に地盤と業界団体の票を持たない議員は毎回支援者の確保に苦しみます。そこで、派閥の選挙対策に大きく依存し、危ない票にも手を出さざるを得なくなるのでしょう。これが、清和会が自民党の中で統一教会との関係を深めていった事情です。

ところで、この種の依存がどの程度のものであるのかについては、統一教会の実力を固定票の票数から算定し、それを得た候補者と差配した人物についての証言を得る必要がありました。

二〇二二年七月二十八日にＨＴＢ（北海道テレビ）は、北海道選出の元参議院議員で参議院議長も務めた伊達忠一氏から、今回の参院選においても現職の宮島善文参議院議員のために統一教会関連団体の組織票を安倍元首相に依頼したところ難しい旨の返答があり、宮島議員は出馬を断念したとの電話インタビューを放映しました。私はスタジオで解説のために出演していましたし、その放映番組はユーチューブにもアップロードされました。伊達氏は宮島氏と同じく元臨床検査技師であり、日本臨床衛生検査技士会から候補者を擁立することを考え、当時の会長であった宮島氏に出馬を打診したのです。私が翌週のＨＢＣ（北海道放送）の番組に出演した際、伊達氏は安倍元首相ではなく、当時清和会会長であった細田博之氏（元官房長官であり、元衆議院議長辞任後に死去）に依頼したと発言を変更していましたが、その後は取材には応じていません。

『朝日新聞』は八月二十日付に宮島善文氏が直接取材に応じた談話として、「伊達氏から党の支援団体の票をもらってきたと言われ」「団体名が世界平和連合であり、陣営幹部から統一教会と関連があると教えられ戸惑った」のだが、「教団側の支援が公になると危ういと考えトップシークレットとして外でおおっぴらに言ってはいけないと忠告された」と証言しました。宮島氏は「選挙期間中、全国遊説の合間に指定された教会十数カ所に行き支持を訴え」、「平和連合は ボランティアで数万通のハガキの郵送手伝い、ビラを配布した」とのことでした。結果的に、陣営幹部の分析によれば「日技連の組織票が三万から三万五千票、関連団体が二万票、教団票は六万から七万票」を獲得し、当選します。

宮島氏は、この後清和会に入り、議員在職中にお礼の挨拶回りや教団主催の研修会に参加して平和連合への理解を深めることになったのです。またこの研修中に安倍元首相が登場するビデオを視聴し、教団の理解者であることを伝えられたといいます。

ところが、宮島氏は二〇二一年党の公認を得て二〇二二年の参議院選出馬の準備を始めるものの、年始めに伊達氏から忠告を受けて安倍氏への面会を行い、「前回と同じように応援票を回してもらえないか」と依頼したところ、明確な回答を得ることができず、三月に再度訪問した際に「今回は自分でやるように」と告げられたといいます。そこで、宮島氏は、今回の参議院選に安倍元首相の首相秘書官を務めた井上義行氏が立候補を予定し、安倍元首相が井上氏に平和連合の支援を一本化すると受けとめ、総合的に判断して当選は難しいと立候補を断念したといいます。

井上義行氏は、統一教会の集会において「食口（統一教会の会員の意味）になった先生」と紹介され、比例区は「投票用紙二枚目は井上義行」と書いてくださいと教団指導者から指示があった時の映像をテレビで放映された参議院議員です。当人は信者ではなく「賛同会員」であると説明しています。二〇二二年八月二十日付『朝日新聞』の分析（オリジナルの分析は三春充希氏のnote）によれば、井上氏は一九年の参議院選挙において約八万八千票で落選しているのですが、今回は得票数を約十六万五千票に倍増させています。

全国の自治体を統一教会の家庭教会と呼ばれる施設がある二百五十九自治体と施設がない千六百三十七自治体にわけ、自治体の有権者数ごとに四分類を行って変化を見たところ、一九年と二二年の得票の変化は、都市圏では0・1ポイント、地方都市では0・4ポイントほどの得票率の上昇が見られたとのこと。井上氏は得票増の要因について「世界平和連合の企画などユーチューブなどネットを通じて国民向けに支援を呼びかけた」ためとしていますが、統一教会の組織票が井上氏に投じられたことは明らかでしょう。

井上義行氏は国鉄職員から総理府に転籍になり、その後、内閣官房長官秘書官等を経て、安倍氏の私設秘書や参議院議員一期を務めていましたが、二〇一九年の参議院選挙では自民党から出馬し、落選しました。なお、同氏は神奈川三部・安國寺からの申請を受け、日蓮宗から推薦を受けていたのです。日蓮宗では九人を推薦し、五人が当選しました。ちなみに全日本仏教会では推薦者計二十六名が当選、立正佼成会では十七人が当選しました（『中外日報』二〇二二年七月十五日付）。

統一教会への解散命令は想定外だった

岸田内閣の支持率は新内閣発足時の52％からわずか一カ月で36％に急落しました。不支持は37％から54％に急増しています（『毎日新聞』二二年八月二十一日付）。その理由は、自民党の議員が統一教会と選挙協力をはじめ密接な関係を結んできた疑惑を払拭できないだけではなく、統一教会および関連団体に対して今後どのように対応していくのか明確な方針を示せていないことにあります。

岸田首相は霊感商法の相談や被害者救済を目的とした各省庁連絡会議を八月十八日に招集し、九月初旬から一カ月間、集中的に相談を受け付けることを決定しましたが、この会合には法務省と警察庁、消費者庁、内閣官房しか関わっていません。この体制では次のような問題が出てくるでしょう。

第一に、法務省と警察庁には、詐欺行為での立件も視野に収めた対応が期待されますが、これは従来統一教会の霊感商法に対してできたことなのになぜやってこなかったのかという説明を求められる可能性があります。事実、一般市民に対して心理的威迫を組織的に行い、金銭的収奪を行ったということでは、一九八〇年代に宗教法人を買収し、僧侶に仕立てた社員に先祖や水子の祟りなどと霊視鑑定を行わせ、多額の供養料を受けた寺院「明覚寺」が詐欺として立件されました。一九九〇年代には法の華三法行もまた足裏診断で不安を煽り、因縁を切るなどといって多額の献金をとっていましたが、同様に詐欺罪として立件され、組織の指導者には懲役十二年の実刑判決が下されています。

しかし、同時期に信者に霊能者役をやらせ、先祖の恨みを解くとして数百万円相当の高麗大理石壺を購入させていた統一教会では、刑事的な立件が見送られ、被害者が統一教会を相手取って民事の損害賠償請求訴訟を行わざるを得ませんでした。それはなぜかということです。

第二に、この連絡会議には、宗務行政を担当する文化庁・文部科学省が入っていません。一九九九年に文化庁は「明覚寺」に対して「組織ぐるみの違法性が認められる」として和歌山地方裁判所に宗教法人に対する解散命令を請求し、和歌山地裁は二〇〇二年解散命令を出しました。同様の対応が、統一教会に対して可能かどうか、その検討を最初から外しているのはなぜかということです。

第三に、宗教二世（カルト二世）が話題になっていますが、子どもの福祉を考えた場合、児童相談所が対応窓口となり、その所轄官庁である厚生労働省が会議に入っていないのは、具体的な被害者対応を想定していないのではないかということです。

政治不信・宗教不信をどうする

現在、政治不信のみならず宗教不信も相当程度に起きたのではないかと懸念されます。今こそ統一教会をどう評価するか、政治と宗教のあるべき関係、および被害者対応に関して宗教界から議論を巻き起こすべきでないでしょうか。

マスメディアは宗教団体と自民党への忖度・恐れから報道を長らく差し控えていましたが、いい意味でたがが外れました。宗教界からもみなが納得できる統一教会批判をなすべき時です。

宗教のあるべき姿を社会に示さないと、「霊能」の扱いや「布施や霊能」の基準、「政治との関係」について、規制を設けようという議論が出てきます。宗教一般に対する不信に根差した統制・管理を期待する市民の声も強まります。宗教サイドの発信力が問われます。

3 望まれる宗教界からの対応

解散請求を問うべき状況だったのになぜ所轄は何もしなかったのか

統一教会事件の局面が国側の問題に発展しつつあるといえる。解散請求の在り方である。いうまでもなく統一教会のこれまでの活動によるほかはない。その一方で状況は、宗教界全体へも波及せざるを得ないのではないか。

統一教会事件下の元首相の国葬

二〇二二年九月二十七日、安倍元首相の国葬が日本武道館で挙行されました。二百十八の国や地域、それに国際機関などから代表者が参列したとされますが、G7首脳の参加は見送られ、弔問外交が成功したとはいえないようです。また、四十七都道府県中四十五都道府県が国葬当日に弔意を示すため庁舎に弔旗や半旗を掲げ、自民党議員のみならず自治体の長も多数参加しました。しかしながら、国葬に関して国論は二分されていました。

岸田首相が閣議決定した国葬の実施理由は、①憲政史上最長の八年八カ月にわたる在任期間、②経済再生や外交で実績、③弔意外交の機会になる、④暴力には屈しないという姿勢を示すという四点でした。①は事実。②は株価回復と維持がなされたものの、現在の円安と物価高騰への先鞭を付けたのがアベノミクスでした。ロシアのプーチン大統領とはのべ二十七回も会談したのですが、結局、日本は北方領土交渉で何らの進展も得ず、中国・韓国とは歴史認識問題や領土問題などで距離が縮まっていません。④こそ、テロ事件で非業の死を遂げた安倍元首相を追悼する最大の理由になりますが、事件背景に統一教会と自民党、とりわけ清和会と岸・安倍三代の濃密な関係が浮上し、国のために尽くした政治家として疑義が生じています。

国会議事堂前や全国各地で国葬反対のデモ活動や署名活動が起こり、国葬をめぐって国民に分断が生じています。若い世代は首相といえば安倍元首相であり、国葬支持率が高い一方、中高年世代では安倍元首相の取り巻き優遇政治（「森友学園」「加計学園」「桜を見る会」）や経済格差拡大へ棹さした金融・財政への評価をめぐって支持が分かれます。国葬の際、黙祷して弔意を表したかどうかで国に対する忠誠が、学校や職場で可視化されました。政治家の葬儀を通じて国民統合を図るのはマズいのではないでしょうか。安倍元首相の死を静かに弔いたいという人たちの気持ちが薄れ、政治的評価や立場から素直に安倍元首相の死を悲しめない人たちが多数出てしまいました。私もその一人であり、内閣か自民党主催で「安倍元首相のお別れの会もしくは偲ぶ会」を開催すればよかったのではないかと考えます。

統一教会と自民党政治家との接点が連日のように報じられ、自民党が実施した点検では、政治家が統一教会からどのような選挙協力を得て、どのような形で統一教会側に便宜を図ったのかという実質的な関係が明らかになっておりません。したがって、岸田首相が統一教会および関連団体と関係を断つと言い、茂木幹事長が自民党のガバナンスコードを強化すると述べ、統一教会から種々の支援を受けた萩生田政調会長が関係を見直すといっても、何を反省したのかが不明である以上、これからの改善策も実質的なものになりません。

統一教会側も二二年九月二十二日に記者会見で教団改革を説明しました。自民党に迷惑をかけて申し訳ないと言いつつ、霊感商法の被害者や多額の献金で経済破綻に追い込まれた被害者への謝罪は一言もなく、正体を隠した勧誘や政治家へのアプローチ、日本を金のなる木として手段を選ばず資金調達するこれまでの活動内容を振り返ることもありませんでした。

自民党も統一教会も嵐が過ぎ去ることを願ってただ頭を低くして待つだけなのでしょう。しかし、その間に日本における政治への信頼が低下し、宗教不信が増大していくさまを私たちは座視できません。そうした中で統一教会のような反社会的活動をする団体について包括的な取り締まりを可能とするカルト規制法を立憲民主党ほか野党は準備しています。

宗教への支出は対価か贈与か⁉

統一教会に正体を隠した勧誘や霊感商法などの違法行為をやめさせ、信者を経済的破綻に追い込むような悪質な献金要請をやめさせる手立てはあるのでしょうか。正体を隠した勧誘には違法判決が出ておりますし、霊感商法には特定商取引法違反で取り締まれます。そのために統一教会は、二〇〇〇年代から一般市民を対象とした霊感商法をやめ、信者にしてから献金を強要するというやり方に変えています。宗教行為になれば特定商取引法が適用できないからです。こうした法の網の目をくぐるやり方に対して消費者庁は検討を進めました。河野大臣が設置した有識者会議において宗教行為もまた宗教財を提供するサービス行為とみなして、対価の社会的相当性を評価できないかというアイディアが提示されました。

しかしながら、献金や布施、チャリティという行為は、本来サービスへの対価ではなく、むしろ贈与的行為なのです。ここでいう贈与とは、金銭の授受を伴う法律的な贈与ではなく、一方的に与える行為です。それは感謝の意を表しているために対価的なニュアンスも伴うのですが、可能な限りの御礼をしたい、宗教団体や宗教者を支えたいという気持ちの表れでもあります。歴史的な宗教建造物は贈与なしにはありえないし、寺院も寺院内の法具もまた贈与されたものではないでしょうか。今後、宗教的対価という発想が適用されると寺院の護持・運営は立ち行かなくなるでしょう。

布施は仏法僧に対する帰依としてなされるものですが、受け取る僧侶や寺院が自らを仏法僧そのものと認識し、布施された品々を自由に処分できると考えてしまうと檀徒や信徒の贈与行為を踏みにじることになります。つまり、寺院仏教の背景をなす仏の本体、仏法と僧団に対してなされた宗教行為を寺院と檀家とのサービスの交換に換えてしまうからです。そうであるならば、宗教的対価という発想が通ってしまいます。

統一教会の場合、信者の献金は半分以上が韓国の本部に送金され、残りが日本における統一教会及び関連団体の活動資金（政治家に対するロビイングを含む）と幹部信者の給与に充当されます。先祖の恨みを解くと称して韓国の修錬会で集められた日本人信者の献金もまた、韓国の教団幹部の懐を肥やし、文鮮明《ムン・ソンミョン》・韓鶴子《ハン・ハクジャ》ファミリーの贅沢な暮らしに費やされるわけです。これならば宗教的対価の相当性を検討する価値はあります。しかしながら、この特殊事例をもって宗教団体一般に適用することは行き過ぎです。

立憲民主党他の野党がカルト規制法の検討に入っており、二二年九月七日に私も公開ヒアリングに招かれてフランスの反セクト法を日本に適用する是非などに関して意見を述べました。趣旨として牛刀割鶏はよろしくないということです。統一教会への対策だけを考えるのであれば、宗教法人法第八十一条を適用した宗教法人の解散請求に焦点を絞るべきであり、カルト規制法のように包括法を作るのは日本において難しいだけではなく、意図せざる結果として宗教団体の行政的管理と統制が再現される可能性に道を開くと述べました。

解散請求のための具体的な手続き

文部科学省の文化庁宗務課は宗教行政の所轄官庁ですが、主たる業務は宗教法人の認証です。宗教法人法の目的は宗教団体に対して法人格を与え、活動の利便性を提供するものです。所轄庁（都道府県知事または文部科学省）が宗教法人を管理する仕組みにはなっていません（第一条第一項《この法律は、宗教団体が、礼拝の施設その他の財産を所有し、これを維持運用し、その他その目的達成のための業務及び事業を運営することに資するため、宗教団体に法律上の能力を与えることを目的とする》）。

また、宗教法人法第七十九条第一項には、

《所轄庁は、宗教法人が行う公益事業以外の事業について第六条第二項の規定に違反する事実があると認めたときは、当該宗教法人に対し、一年以内の期間を限りその事業の停止を命ずることができる》

とあります。第六条第二項の規定とは

《宗教法人は、その目的に反しない限り、公益事業以外の事業を行うことができる。この場合において、収益を生じたときは、これを当該宗教法人、当該宗教法人を包括する宗教団体又は当該宗教法人が援助する宗教法人若しくは公益事業のために使用しなければならない》のことです。

統一教会は、霊感商法被害者が提訴した損害賠償請求訴訟において「霊感商法は当法人ではなく、信徒組織が関連団体において自主的に行ってきた」と述べ、宗教法人としての責任がないと言ってきました。しかしながら、全国各地の訴訟において裁判所は「宗教法人統一教会は関連団体も含め一体のものとみなすことができる」と述べ、統一教会の使用者責任を認定し、最高裁判所においても確定しています。このような判決が積み上がってきた時点において、所轄庁としての文部科学省が統一教会に対して事業停止を命じても良かったわけです。なぜなら、日本の統一教会本部が事業収益の大半を韓国の統一教会に送金し、国際勝共連合他関連団体の政治活動に目的外使用を行ったからです。

従来、統一教会の幹部や元信者がこのことを証言しており、先に書いた記者会見においても勅使河原秀行氏が「韓国への日本からの送金額の見直しを行う」と述べていました。さらに問題であるのは目的外使用に使われた資金の調達法において多数の被害者が出ており、全国の消費者センターと弁護士会に寄せられた被害相談が一九八七年から二〇二一年までに三万四千五百三十七件、被害額が千二百三十七億円です。被害額と被害の態様において公益に反することは明らかです。

宗教法人法第八十一条第一項には

《裁判所は、宗教法人について左の各号の一に該当する事由があると認めたときは、所轄庁、利

害関係人若しくは検察官の請求により又は職権で、その解散を命ずることができる》
とあり、該当事項の第一号は
《法令に違反して、著しく公共の福祉を害すると明らかに認められる行為をしたこと》
第二号は
《第二条に規定する宗教団体の目的を著しく逸脱した行為をしたこと又は一年以上にわたってその目的のための行為をしないこと》
とあります。公共の福祉に反するか、不活動宗教法人に対して解散の請求ができるのです。統一教会の場合は公共の福祉に反するといえます。
この解散の請求によって裁判が行われます（同法同条第四項《裁判所は、第一項の規定による裁判をするときは、あらかじめ当該宗教法人の代表役員若しくはその代務者又は当該宗教法人の代理人及び同項の規定による裁判の請求をした所轄庁、利害関係人又は検察官の陳述を求めなければならない》）。そして、当該団体からの陳述および判決が不服の場合は抗告も認められています。この裁判は非公開の審理ですが、判決文は公開されるので統一教会の問題がさらに明らかになるでしょう。

宗務行政が決断できなかった背景

文化庁宗務課は、統一教会に対して二〇〇九年まで少なくとも九回にわたって活動状況を聴取して適正な管理運営などを求めていたにもかかわらず、それ以降質問をしていません。同年に、広島地方裁判所において被害者が国家賠償請求を行ったので、文化庁も当事者となったためであるとしています。そして、この年に警視庁公安部の強制捜査で、霊感商法を行っていた統一教会関連会社「新世」の社長らが逮捕され、教会施設も家宅捜索され、会社役員には執行猶予付きの懲役、会社には罰金刑が課せられ、被告側が控訴しなかったために確定しました。

文化庁は訴訟の当事者だから動くべきでないと考えたのでしょうが、法廷で問われる責任と所轄庁としての責任は別のものです。関連団体の活動を含め統一教会に関して何らかの知見や結論を得るまで聴取を続けるべきだったのです。

それどころか、広島の訴訟が和解終結した翌年の二〇一五年、統一教会側から名称変更を認証しなければ違法になると通告されたこともあり、宗務課は下村博文文部科学相への事前報告をしたうえで、世界基督教統一神霊協会から世界平和統一家庭連合への名称変更を認めてしまうのです。

統一教会側から長年申し出のあった名称変更を宗務課が認めてこなかったのは、活動の内容が変わったわけではないことに加えて、統一教会が多数の裁判を抱えているために被害者にとって名称変更が不利益になることを理由にしていました。こうした汲むべき事情が突然無視されるということの背景に、宗務課課長を経験し事務次官で退職した前川喜平氏は「下村氏の意思が働いていたことは100％間違いないと思っている」と立憲民主党や共産党などの合同ヒアリングで述べました（『ＮＨＫ政治マガジン』二〇二二年八月五日付)。

しかしながら、二二年九月二十日に実施された合同ヒアリングにおいて、全国霊感商法対策弁護士連絡会が出した永岡桂子文科相に対する声明に対して、宗務課課長は「安易な解散命令請求をすることはできない。統一教会の幹部は刑事事件で有罪となっていない。確実に(裁判で)勝てるだろうという状況がなければ解散命令を請求すべきでない」と述べました。

関連団体の幹部が有罪判決になっただけでは不十分という認識です。しかしながら、民事上の裁判においては統一教会と関連団体の販社は一体のものとみなされ、霊感商法被害者に対しては統一教会が使用者責任を認められ、損害賠償や和解金の支払いを行っている以上、組織的犯罪とみなせるでしょう。文部科学省が恐れているのは統一教会からの批判や反撃というよりも、政治家の顔を潰したり、政局に影響を与えたりすることではないのでしょうか。

このように官僚機構が自律的な意思決定ができない以上、包括的なカルト規制法を策定するべきだという見解が出てくるわけです。

フランスの反セクト法の有効性

フランスの反セクト法をモデルにカルト規制法を日本に導入できないかという議論がありました。ヨーロッパではアメリカのカルトに相当する団体をセクトと呼びます。この法令の正式名称は、「人権及び基本的自由の侵害をもたらすセクト的運動の防止及び取り締まりを強化するための二〇〇一年六月十二日法律2001－504号」です。

同法は、法人が活動参加者の心理的または身体的従属を企図し、実際に行って、法人自体または管理者に対して最終刑事有罪判決が下された場合に解散を宣告することができるという法令です。具体的な犯罪としては、人種に対する犯罪、身体的暴力や生命を危険にさらすこと、個人の尊厳や自発性、精神の自由を脅かすこと、人格攻撃、未成年者虐待、財産権の侵害、医療・薬事法違反、消費者法違反、詐欺などが列挙され、後に、セクシャルハラスメントや自殺教唆等が追加されました。子どもや障がい者、高齢者の保護を念頭に置きながら「無知・脆弱者の不正利用（濫用）」（違反者には三年の拘禁や三十七万五千ユーロの罰金）を問題視しているところがこの法の特徴といえます。

反セクト法の成立は二〇〇一年ですが、一九八五年にヴィヴィアン報告書が準備され、一九九五年にギュイヤール報告書でフランス国内で活動する百七十三のセクト団体が列挙され、その問題点が指摘されています。約二十年間の準備期間を経て立法化したものです。国が宗教に介入して国民の精神の自由を守るという考え方は、フランスにおける共和制の成立、カトリック教会との政教協約、現在に至るライシテ（公共の場を非宗教化する）という二百年間の歴史の中で形成されてきたものです。日本がこの法を短期間で導入するには無理があるのではないでしょうか。

こうした諸条件の中で成立した反セクト法ですが、フランス国内でも信教の自由に抵触するので

フランスの反セクト法とそのチェック要旨

①精神の不安定化（病理的精神状態と宗教心理の区別可能性）
②法外な金銭的要求（献金や布施に限度額を設定すべきか）
③生まれ育った環境からの誘導的断絶（僧院や修道院の存在）
④健康な肉体への危害（苦行、難行の存在）
⑤子どもの強制的入信（幼児洗礼や児童の得度などを含む宗教教育）
⑥社会に敵対する説教（社会体制や世俗社会への批判）
⑦公共の秩序を乱す行為（政治運動や社会運動のあり方）
⑧多くの訴訟問題（市民運動として訴訟を起こすこともある）
⑨通常の経済流通からの逸脱（コミューンや自給自足的生活）
⑩国家権力への浸透の企て（宗教政党の位置付け）

はないかという異論はあり、英国国教会を有するイギリスから批判されています。そのためにこの法を適用して団体の解散を申し込んだ例はないとされます（中島宏、『朝日新聞』二〇二一年八月二十五日付）。実際、ＥＵ諸国においてフランスに次いでセクト規制法を導入する国はないのですが、セクトの実態を調査したり、相談機関を設けたりする動きはベルギーやドイツにあります。

反セクト法の解説においてしばしば引用される十の指標があります。ただしこれらの項目がセクトであることの判断基準として、実際に個別教団の評価に使えるかどうかはなかなか難しいところです。趣旨は分かるのですが、一般の宗教団体においてもオーバーラップするグレーゾーンが大半です。項目とグレーゾーンを付記して述べれば上の表のようになります。

一つ一つ考えていけばなかなか厄介な問題があるのです。このために実際の運用はかなり抑制的になっていると見られます。反セクト法が成立した一九八〇年代から二〇〇〇年代初頭までは、ライシテでありながらカトリックの勢力が強いフランスにとって海外から流入する新宗教やスピリチュアリズム、科学的根拠に基づかない代替療法や心理療法などは、国民の精神を惑わすものと認識されたのでしょう。しかし、この二十年あまり、フランスは旧植民地国やEU内の経済後進地域から多数の移民や難民を受け入れ、イスラーム人口が増大しました。同時に中東地域における宗教的過激主義者たちの流入もまねき、シャルリーエブド事件などを通して宗教的多様性と公共性との両立に苦悩しております。こうした問題状況と反セクト法が成立した時代状況とは既にズレがあるのです。

忘れてはならない国家の宗教弾圧

ここでもう一つ考えておかなければいけないことは、フランスと異なり、日本では国民の精神の自由を守るためではなく、国民の精神的統合を図るために、異を唱える宗教団体を行政的に管理し統制してきた戦前の歴史です。

出口なおに創始され、出口王仁三郎が教団の体制を整えた大本《おおもと》は、一九二一（大正十）年と一九三五（昭和十）年にそれぞれ、不敬罪や新聞紙法違反、治安維持法違反によって教祖家族、教団幹部、一般信者らが特高警察によって多数検挙され、教団施設が警察隊により破壊され、信徒の書籍や祭具が没収され焼却されました。一九二一年の事件は大正天皇崩御による免訴、一九三五年の事件は七年後に無罪判決が出て、戦後の控訴審では原審通りの判決を得ています。この間、大本信者は世間の白眼視に耐えて信仰を維持し、戦後に自力で教団施設の再興を果たしました。しかも、大本は国家賠償の請求を行いませんでした。

戦前は国体と天皇制崇拝を行う国家神道を最上位に、国家翼賛を余儀なくされた伝統教団や新宗教、最下位に類似宗教とされた民間信仰や迷信が位置づけられた宗教界のヒエラルキーがありました。この権威主義的体制の枠外に出てしまった教団のなかで、大本以外にも指導者が拘留された教団は少なくありません。

ＧＨＱによる神道指令によるヒエラルキーの解体と、宗教法人法による諸宗教を宗教法人として平等に位置づける体制、およびこのような国家総動員体制に対する宗教界の深い反省から現在の宗教制度ができあがってきたことを私たちはしっかり想起せねばなりません。国家や権力に近い専門家集団が、宗教とカルトを区別するような制度は、日本のように精神の自由を政治運動や社会運動で勝ち取ってきた歴史がない社会においては恣意的に使われる恐れがあるのです。政治家にも国民にも精神の自由についてのエスプリが十分に浸透していないからです。

実はこの点が統一教会を批判する側においても十分に検討されてはいないのです。そのわけは、カルト規制法を提案する革新系政党や弁護士の素早い動きに対して、宗教界が宗教と政治、信教の自由や宗教団体のあるべき姿について明確な提言を行っていないからです。そのために宗教についての知見を十分に持たない人たちの間で議論が進行しつつあります。私はそのことを懸念しており、宗教界から統一教会問題について諸教団ごとに宗教のあり方について見解が述べられるべきではないかと考えております。

世論は安心安全を求めており、政治は応えざるを得ません。そのスピードに宗教界は追いついていません。

４ 先祖解怨は収奪目的

霊感商法を可能にした先祖が祟るという言説になぜ日本人ははまる!?

旧統一教会に高額な献金をさせられ家庭崩壊にまで至る、それはなぜか。NHK「こころの時代」で異例の宗教者六人による緊急討論会が放送された。これに出演した筆者より、同番組で何が分かり、何が問われたのか報告する。

NHK異例の宗教緊急討論番組

NHK教育テレビ（Eテレ）に「こころの時代」という番組があります。二〇二二年十月九日と十月十六日の二回に分けて、緊急特集「問われる宗教と〝カルト〟」に、島薗進氏（東京大学名誉教授）、小原克博氏（牧師・同志社大学神学部教授）、川島堅二氏（牧師・東北学院大学教授・日本脱カルト協会顧問）、釈徹宗氏（浄土真宗本願寺派寺院住職・相愛大学学長）、若松英輔氏（批評家・随筆家）

の五氏と、出演しました。実際の討論は休憩を挟んで計四時間半に及んだのですが、枝葉の話や統一教会対応に関する踏み込んだ話については一部割愛され、二時間に圧縮されています。ＮＨＫの見逃し配信やユーチューブなどでも見ることが可能です。また、ＮＨＫ新書から『徹底討論！　問われる宗教と〝カルト〟』（二〇二三年）として刊行されています。

この番組の作り方は念入りなものです。まずＮＨＫのディレクターが出演者のもとを訪ね、共通テーマと各論の議論に関して発言の骨子をあらかじめ確認します。番組当日は、司会者がワンテーマ三十分の構成で議論を進めていき、この間二時間、六人で集中討議がなされて収録されます。三つのテーマを話してひと休憩入れます。その後に第二ラウンドということで、再び三つのテーマについて二時間語り合うわけです。計四時間の話し合いは相当に疲れましたが、同時にこうした忌憚のない話し合いができることを私たちは楽しみました。

新聞やテレビ局の取材では消化不良というか不完全燃焼の感を強くしておりました。新聞記者に三十分インタビューされて紙面に出るコメントは百字から二百字です。テレビ放送の場合は十秒も出ればいいところでしょう。前後の脈絡から切り離された発言は、そこだけクローズアップされると誤解を招く可能性もあります。今回の番組では、四時間収録したものを二回に分けて六十分ずつ放映しましたが、半分に圧縮されたとはいえ、濃厚な議論が展開されたことを視聴者には喜んでもらえたと聞いております。

ここでは、そこで議論されたことをもとに統一教会のカルト性とは何かを考えてみます。島薗進氏と小原克博氏とは日本宗教学会他の学会で三十年近い交流があり、川島堅二氏とは日本脱カルト協会やカルト研究での付き合いが二十年近くあります。釈徹宗氏とは研究会や講演などで数年来の交流がありります。若松英輔氏とは今回初めて顔を合わせたのですが、宗教についての考え方で共鳴する部分が多々ありました。

ＮＨＫＥテレ「こころの時代」での緊急特集『徹底討論　問われる宗教と“カルト”』（2022年10月９日、16日放映）

日本の宗教研究のみならず、宗教を広く深く語る方々と一緒に、「統一教会問題」が日本の宗教界や社会に投じたインパクトを話し合うことができたのは得がたい経験でした。というのも、私は安倍元首相殺害事件後の三カ月ほど統一教会問題について語る報道番組に出演し、新聞や週刊誌などでまとまった形でインタビュー記事を掲載してもらう機会がありましたが、あくまでも社会問題としての扱いでした。統一教会が宗教としてどこに問題があるのかといった視点から話すことについては自重を余儀なくされてきました。マスメディアが信教の自由を尊重する立場から、宗教の中身については踏み込まないスタンスを維持してきたからです。

しかしながら、なぜ、統一教会が一般市民を対象に霊感商法を行い、過度の献金を信者に強要してきたのかということを考える際、違法行為であるから、社会問題化しているからといったおさえ方では、なぜ、そこまでするのかという理由が分からないし、統一教会という組織の特性や信者の心理、考え方を理解することができないのです。その意味で私はもどかしさを感じていました。統一教会には宗教として問題があるのだということを明確に言いたかったし、その説明の機会をメディアに与えてもらいたかったのです。

旧統一教会のカルト性を究明する

私たちの話し合いは全体が六部構成になっており、前半を小原氏、後半を島薗氏の司会で進行しました。そして、六人がワンテーマごとに問題提起を行い、全員で討議するという形式です。あらかじめ設定されたテーマは次の通りです。

NHKEテレ『徹底討論 問われる宗教と〝カルト〟』における各氏の主な問題提起

1　川島堅二氏「カルトとは何か？　カルトと宗教の間をめぐって」
2　若松英輔氏「社会体制と宗教　宗教に潜む反体制の芽について」

３　島薗進氏「現代宗教の歪み　宗教右派に侵食される日本」
４　釈徹宗氏「宗教離れと宗教集団の劣化　宗教に未来はあるのか」
５　小原克博氏「政治と宗教のゆくえ　信教の自由と法的規制」
６　櫻井義秀氏「宗教の社会性と公共性　宗教リテラシーの意味」

この放送二回にわたるセッションで、私が宗教を見る観点として興味深かった諸点を中心にまとめていくことにいたします。

川島氏は、韓国出自の正体を隠しダミーサークルを使った勧誘を行い、教祖が女性信者に性的暴行をはたらき懲役刑を受けた宗教団体「摂理」や、また信者に過度で執拗な布教活動を強い、信者に精神的・肉体的虐待を加える韓国系キリスト教会の脱会者支援を長らく行ってきました。その経験からカルトの暴力性を指摘しました。

島薗氏はカルト団体の特徴として「攻撃性」「排他性」「内閉性」をあげ、釈氏も他宗との「対話不可能性」をあげました。

私自身は、統一教会をカルトとして認識するのは過小評価に過ぎると述べました。統一教会の信者数は日本だけで数万人、世界では約二十万人近くおり、一九五四年の創設から約七十年近い歴史があります。さらに、日本・韓国・アメリカに多数の企業やロビイング活動を行う各種政治団体を有するという意味では、韓国の財閥系企業体、コングロマリットともいえますし、保守政権に独特の食い込み方をする点において、政治宗教ととらえた方がよいと考えます。統一教会の実態に即して考えると、カルトとして社会問題化される側面と、〝政治と宗教〟と懸念される関係と認識される側面とをさしあたり分けて考えた方がよいのです。

そこでカルト性としてとらえられる宗教の問題について私が印象に残った発言を見ていきます。

まず、若松氏による独自のカルトの要件です。

「この教えを信じないと、この儀式をしないと、この献金・布施をしないと災いが生じますよ、地獄に行きますよといった恐怖感によって相手を支配し、信仰心を植え付けようとする団体はカルトです。金銭的な事柄に固執し、信者や社会から搾取を図るような団体はカルトです。この教えに背き、この教団から逃げたら地獄に行くと言って離脱を認めないような宗教はカルトではないか」、といいます（①恐怖の利用／②搾取すること／③拘束すること）。実に明快な基準であり、カルト視される団体のみならず、伝統宗教や新宗教の中にも①と③を明確に、あるいは暗にほのめかすような教えがあることをも若松氏は問題だといいます。

私もカルトか否かを簡単に見分けられるやり方として、脱会の自由を認めるかどうかを考えてきました。ただし、イスラームは原則的に棄教を認めないし、宗派仏教も宗旨を変えることをよしとしません。檀家制度です。その根拠を現代の人権感覚にそくしながら説明していかないと、拘束する宗教とみなされかねません。

統一教会は、①先祖の恨みを解かないと地獄で苦しむ、②霊感商法と高額献金、③真理を知って背くと霊界で讒訴《ざんそ》され永遠に苦しむ、と教えて信者を精神的に拘束しているので三つの要件を満たすカルトではないかとなります。

では、なぜ、統一教会はカルト化したのでしょうか。

韓国生まれ新宗教の日本布教目的

私は、教義と歴史認識、および統一教会の歴史的経緯から複合的に説明しました。堕落した人類の復帰は再臨主の文鮮明《ムン・ソンミョン》（死去後は妻の韓鶴子《ハン・ハクジャ》世界平和統一家庭連合総裁か分派した息子たち）の教えを守るしかない。植民地支配を行い、朝鮮民族を蹂躙してきた日本は、再臨主の生まれたアダム国である韓国に侍り、エバ国（アダムに禁断の木の実を食べさせ堕落させた国）として韓国に贖罪しなければならない。具体的には、一九八〇年代以降、韓国の数倍の規模とスピードで経済発展を遂げた日本が約四十年にわたって統一教会の経済的基盤を支え続けなければならない、とされてきたのです。

そのために、資金調達方法として霊感商法が行われ、それが特定商取引法などによって取り締まれるようになると信者に対する高額献金でカバーしようとしたのです。日本が統一教会の資金調達マシーンと化し、そのための兵士を効率よく集める方法として街角や戸別訪問の正体を隠したアンケート調査、手相占いや姓名判断などが三十年近く行われてきました。韓国では日本の信者向けに先祖解怨のための修錬会が行われ、多額の献金がなされたのです。

話し合いの中で、釈氏も興味深い見解を出しました。描画法では、遠景・中景・近景の描き方があるのだそうですが、これを信者の視点に見立てると、遠景は宗教的世界であり、近景は信仰心となります。カルト団体で気になるのは、自分と教団との間にある社会関係をほとんど気にせずに自己の信念を貫いたり、教団の指示に従ったりするメンタリティだといいます。地域社会に根ざした寺院や神社、教会にしてみれば、家族の意向を全く無視する信仰はないでしょうし、地域の人たちを欺したりしてはそこで生きていけなくなります。そういう歯止めのない「中景のない宗教の危うさ」がカルト団体にあるのではないかというのです。

統一教会の場合、信者は入信後、家族や友人・知人相手に勧誘や霊感商品の物販を試み、その後献身すれば全国の家庭教会や関連団体を人事で異動します。そうなると、霊感商法や献金で働きかける対象者は見知らぬ他者＝教義の実践対象となり、神のために情け容赦のない搾取を行うわけです。

過度な献金・布施の要請や執拗な布教を行う宗教団体は、都市型の新宗教に少なくありません。信者は巨大な教団に所属しており、地域コミュニティのメンバーとして日常生活を送っていない可能性があります。そのために、教団からの指示の方が、隣近所との人間関係よりも重要になってくるのです。寺であれば一回限りの懇志のお願いであっても、そこで壇信徒が離れてしまえば元も子もないし、

「厳しいお願いに参ったよ」といった噂が流れれば、新しくそこの壇信徒になろうという人もいなくなります。そんなわけで、依頼する方が上に立ったやり方ではうまくいかないのが地域に根ざした宗教なのですが、都市型宗教や官僚制的な中央集権型の巨大教団では、一カ所で問題が起きても他で取り戻せばいいといった発想で無理を押し通すことがあるのでしょう。

また、島薗氏は端的に「統一教会は嘘をつく」と言い切りました。これもまた中景のなさに由来するでしょう。家族や友人に嘘をつくと自分が傷つくでしょう。他人であれば正体を隠した勧誘や霊能者のふりもしやすいということはあるかもしれません。しかし、それ以上に「目的は手段を正当化する」という発想法が統一教会にあります。万物復帰という教説は、サタンが奪った物財を神の主管に戻すことを意味しますが、この目的が正しいのだから違法行為も非倫理的行為も許されると指導者から口頭で教え込まれます。信者がこのような認識枠組みを持ってしまえば、再臨主たる文鮮明や統一教会のためにどんなことでもできるようになってしまうのです。

そうして日本において効率的に資金調達をするべく作り上げた教説に今度は信者自身が振り回されることになります。その例を「先祖解怨」という儀礼と「摂理献金」のやり方から見ていきます。

先祖解怨による日本人からの収奪

統一教会は、一九九五年以降、韓国の清平修錬院で「清平聖地役事」を始め、日本人の信徒には特別祈祷修錬会に参加することが義務づけられています。清平修錬院とは風光明媚な山峡である京畿道加平郡の張洛山に位置する統一教会「清平聖地」に立つ修錬会施設です。ここには、教主文鮮明を記念・顕彰する「天正宮」があり、大修錬会が開催される天城旺臨宮殿は、八千六百坪の敷地に地下二階、地上三階、約五千七百坪の建物であり、一度に八千人を収容する大聖殿と千六百人が食事できる大型食堂があるとされます。ここで行われる修錬会は、統一教会信者向けの四十日間修錬会や、短期の各種修錬会（婦人二十一日修錬会、夫八日修錬会）があり、「先祖解怨式」が実施されます。

統一教会の教えによれば、人間は死後「霊人体」となって霊界に行きます。原罪をもったまま霊人体となった祖先は地獄で永遠の苦しみを受けているのですが、地上にいる子孫の善行により功徳が祖先に転送され、祖先は安らぐのだといいます。しかし、このことを知らずに功徳を送らなかった人は死後、霊界で祖先の霊たちに責められます（統一教会の用語では、讒訴されます）。

文鮮明は、一九九九年から「新しい成約時代に天国に入籍するためには必ず一代から七代までの先祖から百二十代まで解怨しなければならない」と言い始めました。一家族につき、父方・母方の双系なので計四家系の先祖解怨が必要であり、それには一家系につき日本では七十万円、計二百八十万円、韓国人については一家系につき五万ウォン（五千円）程度の献金が定められています。上に遡ること八代目以上の先祖についても七代ごとに解怨しますが、献金額は日本の場合、三万円に軽減されます。理論上、百二十代目までの解怨を行うと、初回に二百八十万円、四家系で十二万円を十七回で二百四万円の費用がかかることになります。

百二十代遡るというのは、一世代三十年として三千六百年前であり、日本においては縄文末期、弥生初期に相当する時代です。そもそも、先祖を双系ですべてたどっていけば、先祖の数は二の百二十乗となりますが、三十乗までで総数は十億七千三百七十四万一千八百二十四人となります。その後も倍々で増えるわけですが、こうした先祖のたどり方に意味はないでしょう。

さて、解怨を受けた先祖は、霊界にある興進（フンジン）様が主管する修錬所に行き、百日間の修錬を受けるといいます。興進は文鮮明の次男で交通事故死しましたが、その後、昇華し（統一教会用語で霊界へ行くこと）、文鮮明の代理で天総官（霊界総司令官）となったといわれます。先祖解怨献金を納めない信者の先祖は「興進様の修錬所」に行くことを待ち続けるのだそうです。「興進様の修錬所」では、先祖たちは統一教会の信者同様に一通りの統一原理と神の摂理を百日間にわたって学習することになっており、修錬会を終えた先祖たちは、清平に戻って統一教会の救済儀礼である祝福を受け（「先祖祝福式」）、再び、「興進様の修錬所」に行って、「四十日間真の家庭修錬会」を受けて、再々度、清平に戻り、子孫と対面することになります。先祖が霊界から呼び出され、清平に行くたびに子孫の信者たちは出迎えることになっています（天宙清平修錬院、二〇〇〇年）。

この教説はどう考えても中国の十王信仰と閻魔をモチーフとしているもので、再臨のキリストの息子が霊界で閻魔大王になるというのは宗教の教説として無茶苦茶と言わざるを得ません。その上、ここで行っている儀礼が憑きもの落としなのです。

韓国での修錬会の悪霊払いの実際

私の調査では、元統一教会の信者で清平修錬会に参加した人は次のようなことを述懐していました。修錬会を仕切っていた金孝南《キム・ヒョナム》の典型的な語り口は次のようなものです。

「日本人は、かつて韓国を侵略し、植民地にした。従軍慰安婦や強制連行で、韓国の人々、特に女性たちにたくさんの苦しみを与えた。その従軍慰安婦や強制連行された女性の霊が日本人女性に乗り移っている。だから、日本にいる悪霊は、他の国の悪霊よりも恐ろしい」「日本は霊的にとても恐ろしい状況にある。本来であれば、日本は悪霊のせいで滅びてしまう運命にある。それが現在まで生き延びているのは、お父様（文鮮明）が必死になって霊界で戦っておられるからだ」

これは金孝南に限らず、韓国から日本の統一教会の教区（あるいはブロック）に派遣されている教区長もまた同じようなことを日本人の信者に対して語っていました。

このようなメッセージの後に、金孝南は講堂に参集した数千の信者に対して、聖歌を歌いながら互いに体を叩き合い、体の中に入り込んでいる悪霊を追い出すよう命じます。すし詰め状態で座っている前の人の背中をそれぞれ力一杯叩く。信徒も「本気で叩かないと悪霊は出ていかない」と言われたために、前の人の背や肩を力一杯叩き続け、自身も後の人から叩かれました。壇上には興奮した（霊に憑かれた）若手の信者が上って踊り出したり、精神的に不安定な人が泣き叫んだりと、まさに悪霊が飛び交っているような情景が見られたと証言しています。

従軍慰安婦の霊が女性信者に憑いたといって金孝南が除霊します。これがおよそ三時間続くということで、一般信者の身体にアザができるのはもちろんのこと、信者たちは精根尽きてしまうのです。そのうえ、病気で参加して治らないものは韓国や日本の教会に戻るように指示されます。あまりに悪霊の怨念が強く、先祖の罪が重いためにどうしようもないとさじを投げられるわけです。二十一歳で入信し、合同結婚式に参加後、韓国に在住し、腰痛、足の腫れ、しびれ等の症状があったので清平の修錬会に半年近く複数回参加し、結果的に悪化して日本の親元へ担ぎ込まれた女性信者に、私はインタビューしたことがあります。

祈祷室で、金孝南に「あんたの先祖が韓国人を痛めつけているから、足にビッシリ悪霊がついている」といわれ、足や腰を叩かれた後、金孝南に命じられた男性信者二名から足や腰を四、五十分ほども叩かれました。耐えがたい痛みに泣いてしまったと。翌日、足が一・五倍ほどに腫れてしまい、ズボンをはくのも難儀したとのことでした。この方は脊髄腫瘍で日本の病院で緊急手術を行って一命をとりとめました。統一教会も韓国の家族も本人に対しその後何の連絡もしなかったということです。親御さんの介抱により健康を回復したこの方は脱会しました。

こうしたことが宗教活動の名の下に許されるのでしょうか。また、こうした信仰生活を送る統一教会の信者に日本の宗教界は何ができるのでしょうか。統一教会に対する法的な規制の議論は前章で行ったので、ここでは宗教のあり方について述べておきます。

問われる宗教リテラシーと消費者

話を「こころの時代」の討議に戻しましょう。私は最後のセクションで「宗教の社会性と公共性」「宗教リテラシーの意義」について述べました。

宗教とは、宗教的世界観に基づいた自己の救済にとどまらず、他者と共に生きて幸せになれる道を説いています。世界宗教や宗教思想と呼ばれる宗教には、利他の心というべき社会性が備わっています。仏教でいえば、自己の功徳を他者に向ける廻向の発想です。こうした宗教の基本的な考え方が日本では十分に理解されていないのではないでしょうか。そのために、宗教は非合理的なものと決めつけたり、どんな内容であれ本人が信じている以上否定しようもないし、信教の自由として保障されるといった何ら宗教に対する定見もない法律的な扱いがまかり通ったりしています。その結果、多くの日本人に世界の宗教文化について学ぼうという意欲が乏しくなり、日本の宗教伝統に対しても表面的な知識や慣行しか伝わっておらず、統一教会のような勧誘や働きかけがあったときに、怪しいと思う感覚や理屈になっていないと考える認識力が不足してしまっているのです。

先祖解怨などという儀式に宗教文化としての理路や深みはなく、金儲けの手段であることが読者には自明でしょう。しかし、少なからぬ若者や中高年の人々にはそうではなかったのです。こうした悪霊祓いや霊感商法のやり口に惑わされない知識を日本人が身につけることに仏教界は力を尽くせないものでしょうか。逆の言い方をすれば、先祖祭祀を含めて仏教行事の意味や意義が身につくような教化ができていなかった結果が、今日の統一教会による霊感商法や先祖解怨による多数の被害者なのです。

カルト団体を規制するために宗教全体に対して包括的なガイドラインや規制を設けていけば良いのではないかと少なからぬ弁護士の方々が考え、消費者庁における有識者会議などでも献金に対する規制の案が出されました。最終的な報告書（消費者庁、二〇二二年十月十七日）にまとめた規制案と啓発教育の中身ですが、宗教リテラシーは全く含まれていません。宗教界や宗教学者がメンバーに加わっていない以上、こういう構成になるのは当然のことです。私が先に述べたように、なぜ統一教会のような団体が生まれ、そこに信者が入り、人生をかけて反社会的な活動を続けているのかを理解しなくては、被害を元から絶つことはできないのです。

宗教を考える際に、消費者が多数の商品から自分の好みに合うような品物を選択し、対価を支払うという発想で入信・回心、発心や帰依といった心のありようや、布施を考えてよいのでしょうか。財施としてまとまった寄付が行われる際、受け取り側が受領書や領収証を発行するのは常識ですが、寄付依頼や取り消しの仕方まで消費者契約法の枠で捉えるのが適当でしょうか。布施は自分が受けた利益への対価ではなく、一般的な他者に対する贈与です。宗教リテラシーが必要なのは日本の有識者でもあります。学校教員が宗教のことを知らずに霊感商法における「霊感」が何たるか、その危うさも含めて教育できるでしょうか。もちろん、贈与を宗教法人や施設管理者に対する報酬と誤解する宗教者にもリテラシーは必要であり、襟を正すべきでしょう。

5 宗教におけるジェンダー不平等と家族のイメージング

なぜ女性たちが辛い布教活動や資金調達の最前線に立たされたのか

先祖が浮かばれない、地獄に堕ちると脅かして入信を迫るのは女性信者であり、入信するのも女性という現実―NHKこころの時代「ジェンダー不平等と宗教」において、宗教者はいかに論じたのか。

ＮＨＫ「こころの時代」男性だけの討論への声

二〇二二年の暮れも押し迫った十二月二十五日に、ＮＨＫＥテレ「こころの時代」の「徹底討論　問われる宗教と〝カルト〟」シリーズの第三回目となる「宗教と家庭・性・子ども」が放映されました。NHKスタジオでの収録は十二月四日で、今回も前回同様に二時間の討論を一時間に圧縮して放送されました。

前回は、「第I部　カルト問題の根源を探る」「第II部　われわれは宗教とどう向き合うべきか」を論じましたが、この討論に参加した研究者は六人とも男性でした。このため、視聴者から番組の内容は良いのだけれども、女性の参加者がいないのはいかがなものか、という意見が出たとのことです。そこで、ディレクターから番組の構成について相談を受け、島薗進氏（東京大学名誉教授）に司会進行、釈徹宗氏（浄土真宗本願寺派寺院住職・相愛大学学長）に総括、私が統一教会におけるジェンダー不平等について事例提供の役割を担い、女性研究者三人に自由闊達に意見を述べてもらうという構成になりました。

三人の女性研究者は、日蓮宗僧侶・宗教学者の岡田真水氏（兵庫県立大学名誉教授）、カトリック修道者・神学者の原敬子氏（上智大学准教授）、カトリック教徒でイスラーム研究者の八木久美子氏（東京外語大学大学院総合国際学研究院教授）でした。岡田真水氏は元気に出演されていたのですが、その後急に体調を崩され、急逝されました。私が日蓮宗で得度し、教学講習で身延山大学に行ったことなどご子息から伺ったと言って、スタジオで「櫻井法嗣」と私に呼びかけられ、非常に喜んでおられたことを昨日のように思い返されます。岡田氏も人生の折り返しを過ぎてから道場入りされた方でして、同志的な感情を持たれたのかもしれません。残念なことです。

結果的に、女性の研究者方を交えたということ以上に、内容的にもバランスの取れた構成に仕上がりました。宗教そのものを抽象的な次元で扱うよりも、家族や子どもを宗教のあり方と関連させて考える趣向が具体的であり、視聴者にも分かりやすかったのではないでしょうか。

このシリーズは、半年にわたる統一教会報道の中において唯一の「宗教から見えてくる統一教会問題」の番組です。しかも、他の報道番組や情報番組と異なり、映像もパネルも一切使いません。参加者の討論に耳を澄ましてストーリーの展開を視聴者に味わってもらうやり方です。私に「激推し」というメールをくれた方もおり、宗教として統一教会を語ることが大事なのだなと改めて気づかせてもらいました。

ここでは、番組の流れとは少し変えて、統一教会におけるジェンダー不平等の事例を私が説明し、参加者の印象深かった発言で内容を膨らませる筋書きで進めていきます。

以下、統一教会の教説や実践に埋め込まれたジェンダーを見ていきましょう。

日本も性も差別する韓国新宗教

統一教会の教説はキリスト教と似ていますが、堕落と贖罪のとらえ方は全く独自のものです。人間の堕落は、エデンの園にいた人類の始祖であるエバ（イブ）がサタン（人間を守護すべきであった天使長ルーシェル）によって誘惑され、不倫の関係を結んだ（善悪を知る木の実を取って食べた）エバが、本来の夫であるアダムにことが露見することを恐れて慌てて関係を結んでしまった（木の実を与えた）ことによって、サタンの血統が人類に受け継がれてしまったことであるといいます。これが原罪です。

統一教会によれば、この原罪を贖うために神はキリストを遣わされたのだが、ユダヤ人はキリストを十字架につけてしまって神の救済の摂理は失敗したと考えます。本来は、神の血統を有するキリストが人間の娘を娶り、無原罪の子孫を産み育てるべきだったと。それができなかったために神は再臨主（文鮮明《ムン・ソンミョン》）を遣わして、人間の娘（韓鶴子《ハン・ハクジャ》）を娶り、自分たち（真の父母）が統一教会信者たちを祝福し（合同結婚式）、無原罪の子どもたちを産み、育てさせるというのです。こうした神中心の家庭によって地上天国（二〇〇一年に天一国が発足）ができ上がったというわけです。

これだけの話でもキリスト教とは似て非なる新宗教であることが分かります。しかも、統一教会はエバがアダムより先に堕落したのだから、エバはアダムに対して従順でなければいけないといいます。これが人間のレベルであれば、女性は男性に対して従順であるべきとなり、国家間の関係においては再臨主の生まれた韓国がアダム国家、日本がエバ国家となり、日本は韓国に従順であるべきでした。しかし、あろうことか日本は韓国を植民地として三十五年間も支配しました。この罪は軽いはずがなく、贖罪としてエバ国家のエバである女性信者は渡韓してアダム国家の霊的地位が高い男性非信者に嫁いで尽くさなければいけないと文鮮明は説き、約七千人の女性信者が主に一九八八年の六千五百組、一九九二年の三万組、一九九五年の三十六万組の国際合同結婚式に参加したのです。堕落と贖罪という宗教的な教説が、現実の国家間関係に反映され、統一教会の女性信者が外国人花嫁としてなかなか結婚できなかった韓国人男性たちに仕える人生を選択させられました。日本の統一教会が霊感商法や高額献金、先祖解怨や摂理献金などの名目で韓国の統一教会に数千億円の資金を提供してきたのは、エバ国家である日本がアダム国家である韓国に侍る（従順に仕える）べきだという理屈なのです。

原敬子氏はカトリックの神学者ですから、統一教会のジェンダー差別の論理を聞くだけで胸が悪くなったと述べました。

ヨーロッパでは、十五世紀頃に魔女狩り（魔女裁判）が起こり、種々の理由で貧しい高齢女性が数千人の単位で処刑されたといわれています。

なぜ、女性が悪者扱いされないといけないのか。

現在、カトリックでも男性中心の聖職者主義が批判され、差別されているはずの女性が男性の権威を利用する側面もあることを原氏は指摘しました。しかし、シノドス（世界代表司教会議）では「ともに歩む教会のため―交わり、参加、そして宣教」というフレーズで社会から小さくされている人々の声に耳を傾け、そうした人々が集える場として教会が機能できるように教区の教会から声を拾い上げているといいます。

統一教会にはボトムアップがなく、常にトップダウンです。権力を志向し、権力のある人たちに近づきます。それが自民党政治家と国際勝共連合や天宙平和連合との癒着です。

こうした活動は主に男性の統一教会員によって担われます。教団の組織でも男女ともに働いているのですが、男性・女性の差異を念頭に性別役割分業がなされています。

性別役割分業を正当化する宗教

統一教会の地区教会では教会長と教会長夫人が牧会を行っていますが、霊感商法を活発にやっていた一九八〇年代から二〇〇〇年くらいまで、教会長は「コマンダー」、教会長夫人は「マザー」と呼ばれていました。資金調達の部隊長がコマンダーであり、隊員の士気が下がった時に元気づける役割がマザーだったのです。怖い隊長と優しい婦人に独身の青年男女の信者が導かれていました。

霊感商品を取り扱う販社や教会の部門では、責任者が「タワー長」と呼ばれ、本部―支部から割り当てられた売り上げや献金ノルマを果たすべく、顧客や信者から金を引き出す算段をしていました。タワー長はほとんど男性であり、女性信者が姓名判断の鑑定士や家系図を診断する「霊能者」の役割を担います。そして、不幸が起きる、先祖が浮かばれていない、地獄で苦しんでいるといって一般市民や信者の不安をあおり、救われるためには高麗大理石壺を授かるか、献金するしかないといって脅しつける汚れ役はすべて女性信者が負わされたのです。

こうして地域の教会や部門ごとに集めた金を本部に運ぶのが「会計巡回師」と呼ばれた男性の役割であり、こうした中間管理職の妻たちが「心情巡回師」として、霊能師役などで疲弊してモチベーションの下がった女性の専従職員たちを元気づけて歩いたのです。

本部の世界宣教や地域、国家の責任を担う会長や本部長クラスはすべて男性であり、幹部の妻たちは婦人部部長として前線で頑張る女性信者たちを鼓舞する役割を担いました。

日本における統一教会信者の約三分の二が女性信者です。この割合は統一教会に顕著というよりも、新宗教を含めた教団宗教の特徴でもあります。

日本の高度経済成長期以降に急成長した新宗教の場合、布教の前線は専業主婦であった婦人たちに担われました。統一教会の場合は、合同結婚式に参加する前の青年男女が布教活動や資金調達の前線に立ちましたが、体力的にも精神的にもきつい仕事を若い女性信者たちが担っていたのです。

こうした宗教に限らず、社会におけるジェンダー不平等に関して、イスラーム諸国は女性だけに被りもの（ヴェールやヒジャブなど）を強要し、男女別学（アフガニスタンのタリバンなどは女性の就学すら認めない）や早婚（南アジア諸国の顕著）を促しているように見えるのだが、どうだろうかと八木久美子氏に見解を求めました。

基本的に男女の区別はあるが不平等はないというのが八木氏の考えであり、男性は女性を扶養する義務があり、女性は男性に扶養される権利があるというのです。そもそも教典のクルアーンでは旧約聖書の創世記と異なり、エバはアダムのあばら骨からこしらえられたといった男女の区別や順序、序列が強調されないといいます。ただし中世以降、差異を強調する考え方が出てきたり、南アジアにおける部族社会の家父長制を反映したシャリーア（法）の解釈が行われたりするようになりました。

私が八木氏の発言で最も重要だと思ったのは、西欧の近代主義と植民地主義に直面したイスラーム社会は、科学技術や西欧的な統治原理を受け入れるしかなかったので、最後の砦として決して西欧文明に代替されないものとして宗教と家族を守ったのだというのです。それが西欧社会には原理主義と映り、女性を家族の中に押し込める家父長制的な残滓とみなされたのです。

私は八木氏の発言が実に腑に落ちました。安倍元首相が掲げた「美しい国日本」や日本会議などが主張する日本精神の復興などは、まさに日本の経済力や科学技術力に陰りが見え始め、世界において誇れる日本の独自性を日本の家族や天皇制、教育勅語的な道徳に求めようとする保守派の悪あがきと得心したのです。

現代のようなイスラームは近代化のなかで生じたものであり、ヨーロッパ社会や近代化されたエジプトやトルコなどであえてヴェールを被る女性たちは、自分らしさとしてのイスラームを操作的に演じているともいえるとのことでした。

それでは、統一教会の女性信者たちに信仰による自己表現ができているのでしょうか。

女性はなぜこの宗教に入るのか

私が数十名の統一教会の元信者や現役信者の方々から聞き取ったライフヒストリーをもとに、女性と男性の信仰心の持ち方について比較しました。男性が統一原理という教理を通した真理探究や国際勝共連合などによる政治活動に関心を持つ人が多かったのに対して、女性は自身の問題を解決するというよりは家族や先祖を救うためにこの信仰を選んだという人が多かったように思われます。これは女性信者に中高年の主婦が多く、霊感商法や先祖解怨を通して統一教会の信仰を持たされた結果でもあります。

自分の親、配偶者、子に健康上の問題があった場合、自分の責任のように感じるのは女性が多いようです。それは女性にケアの役割が期待され、そのことを内面化しているからです。男性で家族のために統一教会の信仰を選んだという人にはほぼ出会ったことがありませんし、中高年男性で入信する人は稀です。

僧侶の岡田真水氏は学生時代の友人が統一教会に入信して、ついには渡韓したままどうなったのか分からないと言います。このことを気にかけつつも、統一教会について詳しいことは分からないままでいたとのことでした。青年期において宗教と幸福な出会いをした人は、一生を通じて心の拠り所となる一つの信仰を持つことができます。これは、運・不運で片付けられるものなのか。それとも賢明な選択によるものなのかどうか。

岡田氏は固法華の家に生まれ、法華信仰を仕込まれながらも反発し、中高生時代は隠れクリスチャンだったと言います。大学時代にインド仏教と出会い、現在は日蓮宗の僧侶にもなったわけです。単なる出会いではないし、自分の選択によるものだけというわけにはいかない縁です。宿世の因縁といってしまうと「無上甚深微妙法、百千万劫難遭遇」の開経偈になってしまいます。

この感覚には、原氏も同意し、自分が意図的に選択するといった計らいを超えた何かによって導かれた結果としての信仰はあると言いました。私もまったく同意します。

この問題は、次の二世信者について考えるときにも信仰の自律性と自由度の問題として出てきます。

宗教二世信者の何が問題なのか

二世信者は自分で信仰を選んだわけでも、目に見えない縁によって宗教に出会ったわけでもありません。親が信仰の道筋を示してくれていたわけです。そのことを親から受け継いだ文化的な資産と思えるようになるのは、中高年期以降でしょう。子ども時代にはしなければいけない家の作法だろうし、青年期にはしがらみ以外のなにものでもないでしょう。

統一教会の二世信者は、この数カ月、メディアや記者会見などで親による信仰的な虐待（異性関係の監視や合同結婚式の強い勧め）やネグレクト（生活費や子の学資まで献金してしまう親の態度）を挙げ、信仰強要の規制と被害の救済を求めました。

二〇二三年一月五日に施行された法人等寄附不当勧誘防止法（救済新法が通称）に、家族による代位権の行使があります。扶養義務の範囲において、家族は親や配偶者が法人に対して行った過剰な献金分を取り戻すことができるというものです。

釈氏は「二世信者」という概念の再考を提案しました。日本に限らず世界を見ても宗教文化は家族で継承されており、むしろ二世・三世が当たり前です。特定宗教における虐待だけを問題にするのであれば、「カルト二世」や「統一教会二世」問題といった方が適切ではないかというわけです。しかし、当事者はカルトや特定宗教の名前を付けた二世を名乗りたくないのです。実際、メディアで告発している二世信者は大半が仮名です。そこで、いわゆる「二世」問題と折衷案的な表記が現在はなされています。

「社会調査支援機構チキラボ」による千三百名を超える「宗教二世」の調査があります。統一教会二世信者の約二倍のエホバの証人、約十倍の創価学会二世信者が回答を寄せています（荻上チキ編『宗教二世』太田出版、二〇二二年）。創価学会の二世信者が虐待を受けているということではなく、二世信者としての信仰継承に問題があると回答しているのです。

創価学会だけではなく、伝統宗教においても親世代の信仰を子世代がそのまま継承する例は減っており、宗教が家族の文化から個人における信念の選択と捉えられてきていることを反映しています。

なぜ教団が養子縁組斡旋なのか

ところで、統一教会に固有の二世信者問題として注目されたのが、教団斡旋の養子縁組です。

二〇二二年十一月十五日、私が出演していたテレビの「クローズアップ現代」でこの問題を取り上げた翌日以降、メディア報道が相次ぎ、厚生労働省と東京都が二十二日に教団に実態の報告を求めました。無許可での仲介事業を禁じた特別養子縁組あっせん法に違反していないかどうか確認するためです。

教団は一九八一年から二〇二一年まで七百四十五人の縁組みについて信者から所属教会経由で希望の申請書を受け取っていたことを明らかにしましたが、「いずれも信者間の個人的な関係を基にした縁組みで、教団は縁組みの法的手続きに一切関わっていない」と主張しています（『読売新聞』二〇二二年十二月九日付）。二世信者の中には世帯の困窮状況も反映してか、自身の兄弟姉妹が養子に出された経験を語るものもおり、祝福家庭という体裁を整えるために子どもの福祉を度外視した斡旋がなされていると批判しています。

二〇〇四年に発行された『出産』という書籍には、巻頭言に白井康友家庭局長が《子女の必要性や血統を残すことの重要性がわかればわかるほど、子女に恵まれない家庭にとっては、誰にも言うことのできない苦しみを味わい、心情的な十字架を背負っておられることと思います。そこで、こうした課題を解決するために養子縁組という方法が、真のご父母様の許可のもとに始められたのです》と制度の起源と恩恵を述べています。

具体的には、①養子を捧げる家庭は妊娠前か、妊娠後できるだけ早い時期に、遅くとも出産前に相手の家庭と約束を交わす（養子縁組申請書と家族写真一式を本部家庭局に提出して会長が承認する）、②授かる方は相手の母親の胎を通して自分の子どもが生まれる気持ちで準備する（出産費用の一切は授かる側持ち、子どもの健康に異常があった場合は両家と教会で協議する）、③出産日から八日目に奉献式（神に子どもを捧げる意味）を行うのです。

こうした記載を見る限り、教団による組織的斡旋は明白であり、妊娠前に子どものやりとりを約束するというのは、一種の代理母的な役割に相当します。特別養子縁組は、本来、保護者のない子どもや実親による養育が困難な子どもに温かい家庭を与える仕組みです。子どもの誕生が先なのであって、生まれる前から約束をして「捧げる―授かる」などと子どもを、もの扱いすべきではないのです。しかも、家庭裁判所の承認を得ていません。

子どもの人権を軽く扱う一方で、家族・家庭が大事であると主張するのが統一教会です。

ジェンダー政治と家庭教育政策

統一教会は二〇〇〇年代にジェンダーフリーや性教育、ＬＧＢＴＱなどの性的マイノリティ、性と生殖の健康に関わる政策に反対し、関連団体の『世界日報』は批判的キャンペーンを紙面やインターネットで展開しました。そして、二〇〇三年に宮崎県都城市で制定された男女共同参画条例における「性別又は性的志向にかかわらずすべての人の人権が尊重される─社会」という定義から、二〇〇六年に「性別又は性的志向にかかわらず」を削除した条例が再設定されるまで地元議会の動きに介入したのです。

安倍晋三元首相は二〇〇五年に山谷えり子参議院議員とともに、自民党に「過激な性教育・ジェンダーフリー教育実態調査プロジェクト・チーム」を座長として立ちあげ、山谷議員は二〇〇一年以降『世界日報』に選択的夫婦別姓制度の導入反対のインタビュー記事を掲載するなどしていました（山口智美・斉藤正美・荻上チキ『社会運動の戸惑い』勁草書房、二〇一二年）。こうしたメディアを用いた政治家への接近戦略が選挙応援にもつながっていったのです。

二〇一〇年代以降、統一教会は「家庭教育支援」条例の制定を目指して自民党政治家や地方自治体に接近していきます。既に、二〇〇二年に教育基本法の改正が行われ、第一次安倍内閣において二〇〇六年に家庭教育の項目が追加されました。その内容は、第十条

《父母その他の保護者は、子の教育について第一義的責任を有するものであって、生活のために必要な習慣を身に付けさせるとともに、自立心を育成し、心身の調和のとれた発達を図るよう努めるものとする。

２　国及び地方公共団体は、家庭教育の自主性を尊重しつつ、保護者に対する学習の機会及び情報の提供その他の家庭教育を支援するために必要な施策を講ずるよう努めなければならない》

と規定されています。そして、二〇一二年から二二年の間に十の県、六の市町村において条例が制定されました。議会で反対の決議がなされたのは、岡山県と旭川市のみです。

このような統一教会と自民党政治家との接点が問題視されてきました。

なぜ、どのようにして統一教会は地方議会や自治体にアプローチできたのでしょうか。その一つの鍵が、統一教会が掲げる「真の家庭」であり、自民党が推進する「家庭教育推進」なのです。

本来、韓国主権の祝福家庭と日本の伝統的な家庭が交わることはないのですが、洞察力に欠ける政治家や統一教会信者を選挙の手足として使いたいだけの政治家が、「保守」の看板のもとで統一教会と野合したのです。その代償は途方もなく大きなものとなりました。

統一教会が二〇一五年に世界平和統一家庭連合と名称変更した理由も、それができた背景もお分かりのことと思います。

自民党や地方自治体、文部科学省が家庭教育に着眼したのは、少子化を食い止め子育て支援を行う狙いもあったのですが、統一教会に利用されました。

6 信仰的虐待を救済する方法

人の信仰心に付け込んだ収奪を防げるのは法律だけでなく人である

人を幸せにするために宗教はある。これに異論を唱える向きはほぼないだろう。しかし現実は人を不幸にする教団がある。とりわけ金銭の収奪を信教の自由だと説き、子どもへの虐待も修行だという。いかにこれを救えるのか。

寺院の寄附活動へも援用される

二〇二二年十二月十日に旧統一教会の被害者を救済することを目的とした「救済新法（法人等寄附不当勧誘防止法）」が成立しました。この新法の目的は、①法人等による不当な寄附の勧誘を禁止し、②行政上の措置を定めることによって、消費者契約法とあいまって、勧誘を受けるものの保護を図る、ことです。具体的には、寄附の勧誘に際し、法人側の配慮義務（同法第三条）が定められています。

この法律は寄附金勧誘の場面に限定したものとなっていますが、自由な意思を抑圧しないという配慮義務は、将来的に寄附金の要請を行う可能性があれば、布教目的の勧誘行為に対しても適用されるでしょう。また、信者から根こそぎ財産や生活資金を収奪したり、単なる収奪を寄附行為と誤信させたりすることも戒めています。これらの配慮義務は、今後寄附行為のトラブルが発生した場合は解決の指針となります。

不当勧誘行為として具体的に禁止される行為（第四条）は、①法人側の不退去、②寄附者の退去妨害、③勧誘することを告げず退去困難な場所へ同行して勧誘、④威迫による言動を交え相談の連絡を妨害、⑤恋愛感情等に乗じ関係の破綻を告知、⑥霊感などによる知見を用いた告知、などです。

注目点は、この第四条の第六項にあります。

《六　当該個人に対し、霊感その他の合理的に実証することが困難な特別な能力による知見として、当該個人又はその親族の生命、身体、財産その他の重要な事項について、そのままでは現在生じ、若しくは将来生じ得る重大な不利益を回避することができないとの不安をあおり、又はそのような不安を抱いていることに乗じて、その重大な不利益を回避するためには、当該寄附をすることが必要不可欠である旨を告げること》

この法文を特定商取引法における「霊感霊視商法」の禁止事項と読めば、そのことかと素通りする文言なのですが、拡大解釈されれば、宗教における「霊感」や「霊能」とも大いに関わります。

霊感・霊能のグレーゾーン

宗教家が霊能や霊威をまったく語れないとなれば、お祓いや祈願・祈祷もできないことになります。どういう霊能の用い方、語り方なら禁止事項に該当しないのか、今後、宗教家は注意や配慮を求められることは必至です。なぜなら、法文を作成した法律家や官僚・政治家は統一教会問題の解決だけをめざしたとしても、いったんできあがった法律はすべての宗教法人に適用され、誰もが自分の解釈に引き寄せて活用できます。

特別祈祷や特別祈願をなして数十万円以上の寄附を依頼し、招福除災や極楽往生などが可能だと言い切れば、グレーゾーンに入るでしょう。取り消しの訴えがなされる可能性があります。悪意もなければ悪用でもないと弁明しても、受け取る側が納得するとは限りません。

おそらくポイントは、第一に、合格や優勝、会社の黒字転換などプラスアルファの効能を確約したかどうか。それをしなければ、病状悪化や家運衰退などのマイナスの結果があると明言したかどうか、です。簡単に言えば、行為―結果が直接的に連関する呪術的な説明を行い、高額献金を要請すればアウトということです。

第二に、金額が問題になるでしょう。正月の初詣で千円のお賽銭をあげたり、合格祈願の絵馬を二千円で奉納したりして、もし不合格であったとしても誰も文句は言わないでしょう。神社や寺で特別祈願をお願いし、一万円のお布施を出したとしても同じことです。これが、十万円や百万円となれば、宗教団体の見識が問われます。

つまり、受験は本人が勉強して十分な体調で臨み、学力相応の高校や大学に入ればいいのです。親の見栄で子どもに無理をさせたり、奇跡を信じたりしてお金を出したりするのは、施主側の考え方にも問題があるということになります。むしろ、そういう施主がいたら、せいぜい一万円以下の特別祈祷で子どもに気合いを入れ、親の願いに気づいてもらう程度で十分であると諫めなければいけないのではないでしょうか。

病気平癒も同じことです。まずは、具合が悪ければ病院を受診し、医療者にセカンドオピニオンも含めて相談することです。治療法を一緒に考え、最善を尽くして天命を待つしかないのですが、その際、患者のためにも自分のためにも祈るという行為があってよいと思われます。祈るしかない状況はあります。しかしながら、祈れば必ずご利益が得られると言い切ってしまうと、治らない時に本人や祈願不足という論理に陥ってしまい、いくらでもお金がつぎ込まれるということになってしまいます。それは患者本人も望んでないことではないでしょうか。なので、家族であるからといってできることなら何でもすることの中に、過剰な祈願などは含めるべきではないと思われます。むしろ、治らない時にこそ、それを受け止める心のありようを教え諭すことが宗教本来の役割ではないでしょうか。ここにお金は必要ないのです。

伝統宗教の場合、ご利益を求めるのであれば、功徳を積むことが先になされるべきであり、それを神仏などの神格的存在が願いを聞いて恵みを与えてくださると信じることが大事と説明するにとどめるのが普通でしょう。賽銭や献金が即座に功徳となり、数カ月の後に祈願者が望む形で結果がもたらされるとしてしまうと呪術に近くなります。もっとも、どんな結果でも受け止めるこころができていれば、それこそがご利益であり、信仰ではないかと本筋の説明をしてしまうと、果たしてそこに信者が集まるかどうか。

布施や献金などの宗教的寄附行為は、必ずしも寄附を要請した宗教者の高潔な人柄や教団事業の意義に感銘し、自身を導いてくれた教えに感謝して寄附金が集まるわけではありません。ご利益への期待があります。ご利益の語り方、受け止め方は今後ますます重要になります。

自発かマインドコントロールか

与野党が岸田首相による統一教会対応の意向表明を受けた後の約二カ月間において、急ごしらえとはいえ、法人等寄附不当勧誘防止法を成立させたこと自体は評価できます。なぜなら、国会議員や各省庁も統一教会による違法な霊感商法や社会的相当性を欠く献金強要などを約三十年間放置してきたわけで、ゼロから二合目、三合目まで登ったのだから、それなりの達成といえます。

しかしながら、法人等寄附不当勧誘防止法ではもう一つの論点が検討未了のままでした。つまり、悪質な寄附を規制する六つの禁止事項を伴わなければ、自発的な寄附とみなされるのかということです。

統一教会において信者となるまでは何らかの禁止事項が勧誘手法に用いられ、信者の初期段階においても禁止事項に該当する教化方法が用いられます。しかし、数年を経過した信者にわざわざこのような手法を用いずとも、信仰にうったえるだけで献金が引き出せるのです。

信者には地上天国実現の使命感があり、神の経綸や再臨のメシヤ、あるいは統一教会組織や上位の指導者から具体的に何をしたら良いのかを事細かく教えられます。その通りにやるかやらないかだけの決断が迫られます。やれば信仰的であるし、やらなければ堕落人間に戻るのか、先祖を地獄で苦しむままにしておくのかと道徳的な断罪がなされるのです。そのために、年季の入った信者はその決断が自動化されています。

統一教会の宗教実践は、伝統宗教の一部や新宗教よりも寄附行為含めて外見的には宗教的であり、統一教会では、近い将来に貧病争の問題が解決するといったご利益をうたいません。そのために、統一教会の信者による献金を規制するには、六つの禁止事項では足りないのです。

統一教会の信仰を保持していること自体を問題化するために、立憲民主党や日本維新の会はマインドコントロールの文言を規制法案に盛り込むことを自民党と協議してきました。カルト宗教の信仰はマインドコントロールされている状態とみなすのが、社会心理学者の西田公昭氏（立正大学心理学部対人・社会心理学科教授）や被害者救済に力を尽くす弁護士、多くのジャーナリストです。

この論点を法律論として構築しようとしたのが札幌市の郷路征記《ごうろまさき》弁護士です。郷路弁護士によれば、配慮義務に違背した「正体を隠した勧誘」で入信に至った信者は信教の自由を侵害され、統一教会の教化過程においても自由な意思決定や判断の機会が奪われた状態が継続され、結果的に統一教会の指令をそのままに受け止める統一教会的な人格が形成されたとみなせます。ですから、信者となった後に献金させられた行為はすべてマインドコントロール下にあるので損害賠償請求の対象になる、ということで郷路弁護士は訴訟を提起してきました。

誰が人の宗教の善悪を裁くのか

自民党が躊躇したのは、マインドコントロールの定義が難しいという話だったのですが、これは表向きの理由です。禁止事項を見れば、勧誘時のマインドコントロールの中身がほとんど盛り込まれています。短期的に見れば、禁止事項の誤信や畏怖困惑をもたらす勧誘手法は正常な意思決定を阻害するでしょう。新法は短期のマインドコントロールを認めているのです。

しかしながら、マインドコントロールの適用範囲と持続性について郷路弁護士や西田公昭氏ほどの長期のマインドコントロールを想定することに自民党は躊躇しました。

西田氏によれば、消費者庁における専門部会で述べたマインドコントロールの定義は、表のとおり、五点あります。

西田公昭氏によるマインドコントロールの定義

情報や生活空間の遮断
恐怖感や無力感を植え付け受容的にする
権威者に依存させる
仮想現実を演出する
価値観を転換する

このうち、価値観を転換させることが、郷路弁護士の法理にも用いられた、統一教会の人格に変容させられたことに相当します。西田氏のいう長期のマインドコントロールです。ここで難しい問題が発生します。

特定宗教の信者になっている状態をもってマインドコントロール下にあると誰が判断するのかです。精神科医か、裁判官か。

現役の統一教会信者にたずねれば、誰もが自発的な信仰であると答えるでしょう。統一教会に多額の献金を為すことをもって正常な判断能力を欠いたマインドコントロール下にあるとみなせるのかどうか。統一教会信者の非信者の家族や二世が金銭的被害を回復できるかどうかのポイントがここにあります。

元信者が被害を訴えるためにマインドコントロールされていたと主張する言明と、現役の信者が今でも自発的に信仰しているという言明のどちらが正しいのか。このような問い自体が、果たして宗教心の語りを考える際に適切なのかどうか。

この問題は、欧米においてマインドコントロール論争として長らく議論され、決着がつかないまま現在に至っています。フランスの反セクト法においても、実際にこの法律が適用されて宗教団体が解散された例がないのは、その組織において信者がマインドコントロールされているのかどうかを判断することが難しいからです。

いずれにせよ、マインドコントロール論は、市民の信教の自由を守るために主張される一方で、教団信者の信教の自由に制限を加え、司法や行政が宗教へ強力に介入する側面もあるために、諸刃の剣となることを自覚しておく必要があります。

とはいえ、マインドコントロールという批判が繰り返し出てくる背景には、特定教団において信者たちの人権や生活が実際に脅かされ、とりわけ女性や子どもに福祉的見地から介入すべきケースもあるからです。

この問題を「信仰的虐待」として取り上げていくことにします。

介入すべき信仰的虐待とは何か

厚生労働省は二〇二二年十二月二十七日に「宗教の信仰等に関係する児童虐待等への対応に関するQ＆A」を全国の自治体に通知し、児童虐待を行政が把握した場合に躊躇なく警察、児童相談所などと連携して対応することを求めました。法人等寄附不当勧誘防止法では二世信者の救済が充分できないとの批判を当事者や野党から受けていたために、政府が素早く対応したものです。

宗教的背景のあるなしにかかわらず、児童虐待は許されざる行為です。日本は、一九九〇年に発効し、九四年に批准した「子どもの権利条約」を尊重しなくてはなりません。従来、行政は政教分離・信教の自由の観点から宗教的背景をもった子どもの躾や教育に介入することに二の足を踏んでいました。今後は、積極的な関与が自治体に求められることになりました。

虐待には、左の表のとおり、四つの例示がなされました。

厚生労働省が「宗教の信仰等に関係する児童虐待行為」として示した例

①　身体的虐待　集会参加を体罰で強制する

② 心理的虐待　非信者との交際や結婚を制限する
③ 性的虐待　性的経験の告白や反省を求める
④ ネグレクト　家族が子どもの養育をおろそかにする

このような虐待例は特定教団からの情報を元にしており、①から④までは「エホバの証人」、②と③、④は統一教会が該当します。ただし、これらの教団の家族において同種の虐待が一般的になされているとまではいえないでしょう。

確かに、二世信者が典型的な虐待例として話しているのですが、虐待を受けていない二世たちがメディアに登場し、証言することはほとんどないのです。エホバの証人の信者は日本において約二十一万人、統一教会は約六万から八万人の信者がいます。両教団とも数十年の歴史があるので、その半数は二世信者でしょう。中年の域に達している人から青年、子どもまでさまざまです。

日本においてさまざまな家庭があるように、特定教団においても家庭のありようは多様です。教団幹部、職員、一般信者の信仰やライフスタイルは異なるし、子どもにどのように接していくかは自身の生育歴が大きく関係し、子どもと接する時間やかけられる教育費などの経済的余裕にも関連します。

もちろん、エホバの証人には信仰のために輸血拒否を行うという規範があり、子どもにビニールホースや定規をムチ代わりにしておしおきをすることが広く行われてきました。統一教会では二世信者も両親同様に信者同士の合同結婚式への参加が強く勧められます。

とはいえ、みながみな教団の規範や規律に忠実なわけではなく、自分なりの信仰で教会生活を行っている信者もいます。信仰のために子どもに厳しくしているというよりも、子どもを自分の支配圏に置きたいという親もいます。いわゆる「毒親」として生きづらさを主張し、批判する子どもたちの親は、自分もそういう育てられ方をしてきたり、ママ友に影響されすぎたり、正しい子育てや失敗しない学校選びなどの情報に振り回されたりしすぎて、子どもが見えなくなっていた可能性もあります。親が固執してしまった特定教団の「信仰」に相当するものがそれなりにあるのです。

行政職員や児童相談所の担当者が、メディア情報による信仰的虐待の典型例をもとに子どもたちや親子関係を捉えると、実際の問題把握や適切な対応ができなくなる可能性があります。子どもや家庭の個性やケースごとの問題点などを正確におさえることが重要です。

むしろ、特定宗教と信仰的虐待を直接結びつけるよりも、宗教が有する真理や正しさの主張がプラスの局面とマイナスの局面として現れる可能性を理解しておくべきであり、宗教者はこの点に鋭敏な感覚を持っていてほしいものです。

日本人は支配・虐待されやすい

信仰的虐待という言葉は、元々、原理主義的な教会における信仰支配を批判する逆説的な表現でした。パスカル・ズィヴィー・福沢満雄・志村真『「信仰」という名の虐待』（いのちのことば社、二〇〇五年）やパスカル・ズィヴィーとウィリアム・ウッドの『「信仰」という名の虐待からの解放―霊的・精神的なパワーハラスメントにどう対応するか』（いのちのことば社、二〇二〇年）を参照してください。

私はパスカルさんとは二十年来の親交を持ち、ウッドさんとも知り合いです。信仰がかえって人を虐待し、不幸にすることがあるという不都合な真実をあえて語らざるを得ない背景が日本のキリスト教にはあります。「カルトだけがカルトではない。キリスト教会もカルト化しますよ」と二人は言い、教会指導者が信徒を精神的に支配したり、女性信徒と関係したり、信徒の資産処分に強く介入したりする話が十数年語られ続けてきました。

キリスト教はとりわけ神聖性と真正性を追求する宗教です。真理の側にたつもの（指導者や召命観を有する者）は、世俗の側にあったり、未熟であったりするひとを支配する意識が強いのです。エホバの証人も統一教会もカルト視されていますが、教団自身は現在のキリスト教世界において唯一神に認められる宗教団体であると標榜しています。だからこそ、子世代に対する躾や教育は厳格なのです。

そして、パスカルさんがもう一つ言っていることは、日本人の自我の弱さです。「自分で考え、自分で判断することが習慣として身についていない。特にフランス人と比べると差異がハッキリすること。

パスカルさんはマインドコントロールを解く脱会カウンセリングの専門家でもあるのですが、「西欧人は本来の自分を取り戻すべくマインドコントロールを解くが、日本人の場合、支配されていた部分を取り払ったときに自分がないことに気づいて本人も愕然とし、なかなか前に進めないことがある」と言います。

私はこの指摘に日本人の二つの文化的パーソナリティを考えてしまいます。

①権威主義・同調性（指示に過剰適応し、真面目に徹底してやり抜く）

②パターナリズム（温情的・家父長制的支配を好み、リスクを取る自由を選ばない）

エホバの証人、統一教会はともに、日本人のこの特性を最大限利用しました。そして、日本で教勢拡大に成功したのです。日本は海外本部の指示に過剰適応し、真面目にやってしまうので利用されてしまうのです。その分、信者の生活は厳しくなり、二世信者の人権が侵害されます。日本の政治や経済も米国の世界戦略に巻き込まれすぎたり、金融資本主義や株主資本主義に過剰に適応しすぎたりして、国民の生活を不安定化させるところがあります。

もちろん、明治の近代化と戦後復興期には、①の特性が国家総動員体制にマッチして猛烈なキャッチアップで国力を伸ばすことができました。しかしながら、先頭に躍り出たときに、①の特性では方向を見失ったり、夜郎自大になってしまったりするのです。

失われた三十年という議論をする際、なぜかという犯人捜しがこれまでさかんになされてきました。政治家・官僚・経済人、そして私や皆さん民間人含めて真面目にコツコツやってきたのに、どうしてこうなってしまったのか分からないのです。②の特性の悪い面が出てしまったのではないでしょうか。

既得権益に関わる業界や利害関係者のみんなが生き残る戦略を模索しました。その結果、産業の転換をはじめ構造転換すべきところが遅れ、今もって集票目当ての再配分の政治以上の政策がありません。大学改革、医療改革、エネルギー改革、行財政改革など、あらゆる分野で政治的リーダーシップに期待する業界や国民の声が依然として強く、自分たちでやりますから口出ししないでくださいという人が案外少ないのです。

実に、統一教会問題の解決もまた、文部科学省による質問権の行使や解散命令の請求、法人等寄附不当勧誘防止法や信仰的虐待対応のガイドラインに期待し、成果を性急に求める世論があります。この世情はメディアが煽動しているともいえるのですが、日本人の二つの文化的パーソナリティをつかんでのことではないでしょうか。

私は日本においてカルト問題が発生する要因と、それを解決しようというやり方に同じ文化的な問題背景を見てしまいます。その意味で、統一教会の問題はまさしく日本の問題であり、宗教界も等しく関わる問題でもあるのです。この点は機会を改めて解説しましょう。

次に、信仰的虐待を受けた元信者、二世信者、児童などへの対応をまとめておきます。

二世信者対応のカウンセリング

私は、二〇二二年十二月十七日に札幌の北星学園大学において北海道スクールカウンセリング研究協議会研修の一環として、統一教会問題を含むカルト問題のカウンセリングについて講演し、統一教会とエホバの証人の二世信者の方にも参加してもらい、カウンセラーへの要望を出してもらいました。要望は二つあります。

①二世信者の問題を理解してほしい。　成人した二世であっても家族のことや仕事のことで相談したときに、宗教的な背景を出してしまうとひかれてしまうというのです。何か特段の配慮をしてほしいとかいうことではなく、悩んでいるということに共感的に対応してもらいたい、そのためにエホバの証人や統一教会のことを知ってほしいということでした。

②自助グループなどでの支援者に行政的にできる支援を考えてほしい。　二世信者のグループなどオンライン、オフラインで種々できつつあるし、キリスト教会の牧師を中心に一時避難所的なシエルターやリトリート施設が運営されています。すべてがボランティア・ベースです。自治体が委託事業としてやれるような活動がいくつか動き出しているので、そこの施設の貸し出しや担当者に日当・交通費などを支給することが今後検討されてもいいのではないでしょうか。

こうした研修会を設けたスクールカウンセラーの方々に拍手を送りたいと思っています。厚生労働省からガイドラインが出るのを待たず、今後必要になるだろうということで私に情報提供の依頼を行い、私が仲介してNHK教育のハートネット・テレビ番組と連携してディレクターに二世信者の紹介を依頼し、研修の指導者と私、ディレクターとで研修会をつくりました。会場には二十名近く、オンライン参加の数十名を含めて多くの方が北海道地区で参加してくれました。こうした活動を全国に広げていくことが被害者への息の長いケアにつながっていくのではないかと思っております。宗教者こそ、宗教問題で悩み苦しんできた人たちを支えるべきではないでしょうか。

7 エホバの証人と統一教会の異同

キリスト教信者が増えない日本でなぜキリスト教の異端とされる新宗教が教勢拡大できたのか

統一教会は異端視されてきたキリスト教であるのになぜ、日本で信者を増やせたのか。この理由を知る上でもう一つのキリスト教系新宗教である「エホバの証人」の伝道方法を見る必要がある。

伝統宗教とカルトはどう違うか

エホバの証人や統一教会の二世信者からのクレームを受けて、厚生労働省が児童相談所などに対応の指針を示した「信仰的虐待」のQ＆Aができました。信仰的虐待という言葉が一人歩きすると、宗教にはそのような恐ろしい側面があると誤解する人も出てくるかもしれません。このことは、「宗教二世」という言葉ともつながっており、親が子どもに信仰を教えたり、家族で信仰を継承することを訝ったり、ためらわせたりする傾向にも重なる部分があります。

実際に宗教文化に慣れ親しみ、信仰を持つ人は、そうではない人よりも子どもを慈しみ、子どもの幸せを願う人が多いと思われます。自分の子どもだけではなく、事情があって実の親が育てられなかった子どもを里子として育てることを奨励する天理教や、児童養護施設を運営し、献身的に支えるカトリック信者の方々もおられます。子ども食堂を主催する教会や寺院、神社も少なくないでしょう。

十年前は、東日本大震災に際して犠牲者を慰霊する仏教の役割が評価され、震災復興を支援する地域の宗教施設や宗教者が肯定的に報道されていました。葬式仏教批判や葬儀無用論の流れは方向転換されたのです。しかしながら、この一年あまり、メディアは宗教の否定的な側面を描き出すことが多かったし、法人等寄附不当勧誘防止法や信仰的虐待対応のガイドラインなどが示されてくると、再び宗教に対する信頼や親しみが薄れていくのではないかと懸念されます。

そのために宗教界では、自教団や自派の正統性や健全さを示すべく、カルトと宗教の違いを学習し、両者の差異について言及する機会が増えていると思われます。実際、私にも各宗派から研修会講師の依頼が舞い込んでくるようになりました。ただし、宗教に対する社会的視線のありように鋭敏に対応する教団は少数であり、統一教会問題に関わる風評被害で迷惑しているくらいの感覚でいるところが大多数でしょう。

二十八年前のオウム真理教事件がボディーブローのように宗教に対する信頼性を損ね、宗教界全体が教勢を落とすきっかけとなったことをどれだけの方が覚えているでしょうか。今回の事件も同様の効果をもたらすと私は考えています。日本の宗教文化は社会の長期的なトレンドである人口減少と家族の個人化、および世俗化によって土台が揺らいでいますが、これを突き崩す最後のひと押しになる可能性があります。

だからこそ、統一教会問題の波及効果を意識し、宗教に対する信頼を回復するような手立てを講じていくことが重要になります。その際、「自分たちはカルトではない、宗教である」という言い方では一般の方に伝わりません。その理由は、「カルトと宗教との違いはどこにあるのか」と尋ねられた際、「違うから違う」では説明にならないからです。また「カルト団体の信者はマインドコントロールされており、私たちの信者は自分たちの意思で信仰を保持されています」という言い方も実は意味をなしません。当のカルト視される団体の信者に聞けば誰しも自発的信仰だと語るからです。

現在、統一教会問題について宗教家や学者、評論家がさまざまに議論しておりますが、宗教とカルトの何がどう違うのかを明確に説明する人は稀です。メディアは高額献金が問題だと言いますし、政府は寄附金の集め方が不当だと言います。良心的な学者は宗教とカルトの区別は難しいと言います。

宗教家はどうでしょうか。統一教会だからダメだ。反社会的集団だから関係を持ってはいけない。カルトなど話にならん。こういう言い方をしてないでしょうか。これらは単なるラベリングです。相手をカルトだと言明することで自分の正しさに確信を持ち、そういう人が多ければ多いほど確信は深まるというだけの話です。社会心理学でいえば、社会的証明になります。事実的事柄に対する合理的な判断なしにいえます。「このラーメン屋は美味い」という食べログを聞きつけて列をなし、これだけ時間をかけて食べたラーメンだから旨いに違いないとさらにコメントを重ねるようなものです。現在のメディア報道や報道番組もこうしたムードで統一教会を批判していないでしょうか。

自分の言葉で具体的にどこがおかしいのかを語るべきです。そのためには、カルトと宗教のあいだにあるグレーゾーンについて理解することが重要です。カルト論と宗教論については、法藏館から拙著『信仰か、マインド・コントロールか―カルト論の構図』（二〇二三年）という文庫本を刊行しました。参照していただけると助かります。

エホバの証人の布教に見る変化

現在、宗教団体「エホバの証人」を両親に持つ子どもたちが「宗教二世」として生きづらさを表明し、コミックや書籍でエホバの証人の生活や教育を描いており、輸血拒否が社会問題化した一九八〇年代後半以来（一九八五年にエホバの証人の十歳の男児が交通事故で緊急搬送され、輸血なしの手術を親から要請され、手術できないまま亡くなった事件）、エホバの証人に注がれる視線は厳しくなっています。しかし、エホバの証人について正確な知識を得ようとした時に、近年刊行されている書籍によってエホバの証人の家庭の一端を知りえたとしても、それがどの程度エホバの証人のスタンダードであるのか、必ずしも判然とはしません。

そういえば、エホバの証人の婦人が幼児や小学生の手を引いて戸別訪問をしながら、『目ざめよ！』という冊子を手渡す光景を最近は見なくなりました。この冊子は、最盛期には世界中で六千万部が配付され、エホバの証人の価値観で人生や世界の諸問題を解説していました。同じ内容の版面で百を超す言語に翻訳しているので、そこに登場する家族や子どもの顔かたちは本部があるアメリカの多文化（多民族）家庭が基本です。いたいけな子どもを連れているためにむげに断るのもかわいそうになって、冊子だけ受け取った人も多いのではないでしょうか。

厚生労働省が出した信仰的虐待のガイドラインを参照すれば、おそらくこの伝道方法は子どもの意向を無視した虐待とされるかもしれません。伝統宗教の祭日や年中行事に子どもが参加するのとは異なり、休みなく毎週十時間以上も外を歩くわけです。母親たちは子どもをだしに使っているわけではなく、信者に与えられた「開拓者」という役割に課された毎月七十時間という伝道の義務を果たすために、子どもを家に置けないので、やむなく一緒に回るしかないのです。

しかし、エホバの証人は、なぜ、現在このような伝道スタイルを取らなくなったのでしょう。むしろ、時たま駅前や街頭で『目ざめよ！』（PR紙）や『ものみの塔』（教説の本）をスタンドに立てて、通行人に示す姿が目につきます。大学の事情に詳しい人であれば、留学生の半数を占める中国人留学生が伝道されていることに気づいている人もいるかもしれません。

「王国会館」という簡素な集会所が日本中にあります。ここは会衆と呼ばれるエホバの証人の信者が集まる教会です。日本には二千八百九十三カ所、全世界に十一万七千九百六十の会衆があるとされます。会衆は長老に導かれ、二十ほどの会衆が巡回区を構成し、巡回監督によって束ねられ、日本の監督たちは世界宣教の本部がある統治体の指示を仰ぎます。

日本の信者数は約二十一万四千人、世界では約八百七十万人です。日本の開拓者数は約六万九千人(全信者に対する開拓者数の割合は約32%、最盛期は約42%、世界平均は約17%)であり、日本は世界屈指のアクティブな信者集団といえます(以上の統計はエホバの証人公式HPより)。

さて、エホバの証人では特異な信仰形態が虐待の問題を含めて注目されていますが、本来注目すべきはこの信者数であり、信者自ら布教の先頭に立つ稼働率です。もちろんこうした統計的数値は何ら社会問題ではありませんが、宗教社会学的には驚くべき数値なのです。

教勢を伸ばせぬキリスト教のわけ

日本におけるプロテスタントの最大教団である日本基督教団が信者数約十六万人、カトリックの信者数が約四十三万人(半数は外国人)です。日本には宣教百五十年の伝統を誇るキリスト教の諸教派があり、明治以降海外のミッションボードから物心両面の協力を得て膨大な人的資源と時間が布教に投入されました。しかし、教勢は戦後に活性化した一時期を除いて長期低落傾向にあり、現在、全国に伸びた教線も地方から無牧教会となり、教職者と信者の高齢化が顕著です。この点は日本の伝統仏教に似ています。教職者の世襲がないキリスト教の深刻度は仏教以上であり、プロテスタントは韓国から牧師を招聘し、カトリックは韓国、ベトナムから神父を招いて教区を維持せざるを得ない状況に置かれています。

日本ではキリスト教およびキリスト教文化がハイカルチャーに位置づけられる一方で、教会に人は集まりません。日本人は非信徒でありながらクリスマスを祝い、挙式の半数はキリスト教式で行い、そのうえ西欧文化やキリスト教に憧れや好意を抱いています。ミッションスクールは中高では有名進学校、大学では名門私学です。これだけの好条件に恵まれながら、布教・教化が進まないのはなぜでしょうか。

戦後日本とほぼ同じキリスト教人口を抱えていた韓国では、朝鮮戦争や軍事独裁政権の圧政を経た三十年ほどの間に全人口の約29％にまでキリスト教が普及しました。アジアの奇跡と賞賛され、逆に、同時期に平和と信教の自由を享受していながら全人口の１％にクリスチャン人口がとどまる日本は、宣教不毛の地と呼ばれました。そこで、さらにアメリカや韓国から福音の恵みを伝えようと宣教師たちが訪れ続けているわけです。

こうした状況がなぜ生じるのか、これまで二つほど回答が試みられてきました。

日本にはキリスト教が根付かない泥沼のようなアジア的シンクレティズムの宗教風土がある。遠藤周作などのキリスト教文学が代表的です。あるいは、日本のような地で教勢の拡大に成功した異端のキリスト教（エホバの証人、統一教会、モルモン教）や韓国系の福音主義教会はマインドコントロールによって強力な勧誘・教化活動を行うので、正当な布教を行う教会よりも信者を集めるのは当然だというカルト批判が見られます。

これらの説明は、韓国や中国におけるキリスト教の興隆を見れば、明らかに根拠を欠いています。韓国や中国のキリスト教がマインドコントロールで教勢を拡大したわけではないし、日本同様の東アジア的文化を有し、キリスト教文化に適合しない祖先崇拝やシャーマニズム、民間信仰（偶像崇拝・多神教的）があったはずなのです。

非キリスト者である私が言うと面白くはないと思いますが、日本のキリスト教は日本社会において文化的普及力や宗教的求心力の「弱い」宗教です。現在維持されている教勢は外国頼みを否めません。

現地化や土着化を拒む宗教運動

それでは、日本と他のアジアのキリスト教とはどこが違うのでしょうか。エホバの証人の事例を考えることでいろいろと見えてくることがあります。

冷静に信者人口だけを眺めてみれば、エホバの証人はカトリックに次ぐキリスト教文化に連なる教団であることが分かります。これはある意味不思議なことなのです。正統なキリスト教ですら苦戦を強いられる日本の宗教風土において、異端とされるエホバの証人はなおさら弱い宗教になるはずです。

旧約聖書のレビ記十七章十四節（「すべての生き物の命はその血であり、それは生きた体の内にあるからである。わたしはイスラエルの人々に言う。いかなる生き物の血も、決して食べてはならない。すべての生き物の命は、その血だからである」新共同訳）などに基づき、輸血拒否（無輸血手術や一部の血液製剤は認める）を行うのは、信者にとって大きなハードルになるし、社会的批判も集まります。学校で武道や身体接触を伴う激しいスポーツをやれないことは子どもにとってストレスです。何より、集会参加を拒む子どもにはムチが与えられます。児童虐待と通報されかねません。

こうした異端的な宗教が正統なキリスト教よりも信者を集めた事実をどう説明したら良いのでしょうか。マインドコントロールですか。それとも、エホバの証人がいうように、本物のキリスト教だからなのでしょうか。

山口瑞穂氏の著作『近現代日本とエホバの証人―その歴史的展開』（法藏館、二〇二二年）を元に考察を進めます。著者によれば、エホバの証人とは、徹底して神の介入による解決を待つ終末観を持つため、日本の宗教文化において求心力となる現世利益的な要素や社会改良志向すらありません。そのうえ、アメリカの中央組織（統治体）の意向に従うことが求められ、現地（日本）に合わせた妥協や譲歩が認められていない組織です。現地化や土着化が認められ、勧められもする他の伝統宗教や新宗教系と比較して、日本では求心性を根本的に欠いているはずです。それなのに信者を獲得できたのはなぜかという極めて根本的な疑問から、エホバの証人を宗教運動・組織戦略論の面から研究したのです。

山口氏の答えは極めてシンプルであり、エホバの証人の「本部志向性」が教勢拡大の原動力でした。この教団は外来宗教として土着化などは一切図らず、日本では徹底して本部の指令に従順な信者に教化することに成功したのです。

エホバの証人はいかなる教説か

エホバの証人の特徴は次の三点に要約されます。

①ハルマゲドンの予言　ただし予言は諸刃の剣であり、信者に救済の同時代性や切迫感・緊張感を与えて布教を動機づけられる反面、外れれば信者はどっと減ります。ところが、エホバの証人は一九七五年の「予言が外れた時」に、「人知を越えた神の深い配慮」としてうまくやり過ごしてきたのです。ありがたいこととして信者は宣教に励んだとされます。

②神権組織である統治体　神の意志の唯一の経路とみなされ、世界中の信者は統治体の十数名の男性に従うことが求められます。エホバ神は世の統治者であり、大半の信者は天に挙げられることが「約束された忠実で思慮深い奴隷級」十四万四千人に従うことになるのです。日本の信者はこ

の下で楽園においてこの奴隷級の僕になります。これならキリスト教徒になって天国に入れてもらった方がいいのではないかと思うのですが、神はエホバの証人のみ救われるので、キリスト教徒になっても無駄なのです。

③**楽園を約束する救済論**　アダムの不従順によって人間に死がもたらされたとされます。しかし、ハルマゲドンにおいて邪悪な者が一掃され、エホバの証人となったものだけが永遠に楽園で生きることができます。生前、エホバの証人にならなかった死者や祖先にも楽園でエホバの証人となる機会は与えられるともいいます。死者の救済のみ、日本人には魅力的ですが、仏教徒になったほうがずっと楽に極楽往生できるはずです。

これらの教説上の要点を最初の布教時に予め教えてもらった時、どれほどの人がエホバの証人に魅力を感じるでしょう。教説自体に求心力がないとしたら、では何があるのでしょうか。

信者が信者を増やす人海戦術

戦前、明石順三は、再臨運動をなす教派としてエホバの証人を理解し、自ら宣教師となって日本に灯台社を設立しました。戦前の一九三九年に二百七十五名の信者中百三十名が治安維持法違反で検挙され、明石は二審で懲役十年、妻は懲役三年半で受刑中に獄死、子どもたちは棄教。戦後、明石は海外にある統治体、三代会長のノアに本部批判を含む七箇条の質問を送り、除名されました。

戦後のエホバの証人は、灯台社の生き残りからではなく、本部から直接派遣された宣教者によって家庭での聖書学習、開拓者に伝道時間を課し、未信者を訪問して大会へ動員するやり方を伝えました。

一九七五年にハルマゲドンの予言が外れて信者は動揺しましたが、統治体は何も語らず、開拓伝道学校を開設し、主婦の信者を養成し、日本が断トツに伝道時間の多さを誇ったのです。エホバの証人は、一九七〇―九〇年の時期に信者数を約二万人から二十二万人まで急拡大しましたが、同時に組織統制は強化され、輸血問題などの社会との軋轢が起きると、少数者への配慮、信教の自由という論点を出して訴訟によって有利にことを進めました。

ところが、一九九〇年以降現在まで、教勢は伸び悩み、近年は減少傾向にあるとされます。地域で長時間戸別訪問する伝道方法は、専業主婦の減少やマンション化で限界に直面し、書籍やインターネットでエホバの証人を批判する情報に簡単に信者が接することができるようになったために、棄教者や二世信者の離脱が増加したからです。

結論としては、時代ごとに揺れがあるものの、エホバの証人は本部志向性が強く、従順な信者となって週ごとの伝道時間を捧げものとして布教に邁進したために急成長したとされます。圧倒的な人海戦術です。日本中の住宅街をローラー作戦で布教するやり方で信者を獲得し、その信者が開拓者を志願して毎月七十時間（週に約十七時間、日に二、三時間）を伝道に捧げたのです。

日本におけるキリスト教的文化の土着化という難題が、戸別訪問と伝道時間の投入だけで正面突破が図られ、成功したという山口氏の結論には、そんな簡単なことだったのかとあっけにとられてしまいました。なるほど、日本の伝統的な教会において宣教は教職者の役割であり、信者が週に十数時間も伝道を行うことはないし、開拓伝道を志す若者も少ないのです。韓国のキリスト教会は、信者が伝道者となり、セル・チャーチの活用と学習会での弟子訓練＝信徒育成が組織化されています。だからこそ、アジアの奇跡が起こりました。日本の新宗教も最盛期においては、主婦の信者が布教の柱となり、片働き世帯数が多い時代に新宗教運動の興隆があったのです。

特段、エホバの証人の布教に秘訣があるわけでも、教化プログラムに特別な手法が採用されているわけでもなく、信者が終末や再臨を切迫感・緊張感をもって受け止め、アクティブに伝道に勤しめば、それだけで教団は成長できてしまうのです。そこに、山口氏は「本部志向性」を加えました。

日本のエホバの証人と統一教会

統一教会とエホバの証人を比較するという思考の補助線を一本引いてみると、「本部志向性」が何を生み出したのかがより明確になります。

統一教会にも「本部志向性（エバ国家としてアダム国の韓国に服従）」「従順な信徒（信仰の上位者や上司に絶対服従）」「伝道時間の投入（深夜までの街頭での手相占い、声かけや姓名判断の戸別訪問など）」の特徴があります。

韓国のメシヤと教団本部に対する従属性は顕著であり、日本の植民地支配に対する贖罪として日本の人的資源（韓国に渡った約七千人の女性信者）と資産（一般市民対象の霊感商法と信者対象の高額献金）を捧げものとしました。

しかも、そのうえ統一教会は韓国のキリスト教系新宗教に見られる小財閥（チェボル）・企業複合体（コングロマリット）として経済活動も行い、政治的ロビイング活動を含む政権への食い込みを図りました。だからこそ、エホバの証人よりも社会的影響力も大きかったわけです。

私が指摘した日本人の文化的パーソナリティである、①権威主義・同調性（指示に過剰適応し、真面目に徹底してやり抜く）、②パターナリズム（温情的・家父長制的支配を好み、リスクを取る自由を選ばない）が、エホバの証人においても確認されました。

この二つの特性を有する教団が日本において教勢を拡大したことは事実であり、信仰の自律性や自由度を重視する布教・教化の仕方を採用すると、教団としてはなかなか教勢が伸びないのです。近現代日本のキリスト教は、西欧の個人主義を宗教の骨格に加えたために社会の中上層に受け入れられ、ハイカルチャーとなりましたが、日本の文化的パーソナリティと衝突する部分が少なくなかったのです。

家族・親族、地域社会、会社組織に共同性が残存し、①と②の欲求を満たしている間、主流派のキリスト教にはまったく出番がありませんでした。これらの共同性が弛緩したときにエホバの証人や統一教会といった異端視されるキリスト教系新宗教が日本人の欲求を満たし、結果的に教勢拡大に成功したのです。

一九七〇年代から九〇年代にかけて会社人間の夫と専業主婦の家族が増えました。孤立や子育て不安のなかで居場所を求めた人たちをつかんだのがキリスト教系新宗教でした。

8 統一教会解散問題で分かる日本人の宗教性

人権宣言を掲げ革命を成し遂げたフランスは、国家が人権と自由を守るべきと考える。だからこそ、反セクト法が成立した。日本では、個人の人権と自由よりも業界団体の権益が優先されることが少なくない。だからこそ、立法行為や行政行為には業界団体からの介入をチェックしていく必要がある。統一教会は保身のために政治家と癒着してきたのである。

行政処分と被害者救済新法

二〇二三年三月三日にNHKEテレの「こころの時代」のシリーズ「問われる宗教と〝カルト〟4―信教の自由と法規制」が収録されました（四月二日前編と九日後編放映）。参加者は、島薗進東京大学名誉教授、小原克博同志社大学教授、日本とフランスで法曹資格を持つ金塚彩乃弁護士、江戸文学者の田中優子法政大学名誉教授、憲法学の駒村圭吾慶応大学教授と私の六人でした。

最初に、私がここ半年で行われた統一教会に対する行政的対応と政治的な対応をまとめて問題の提起をしました。

統一教会と政治家との関係が問題視された二〇二二年八月から九月にかけて、消費者庁に設置された対策検討委員会において、行政的対応としては解散命令の請求を念頭に置いた質問権の行使が検討され、統一教会の被害者救済のために新法の策定という青写真が描かれたのです。宗教法人法に基づき、教団活動が公共の福祉を害しているかどうかの実態把握のために、二〇二二年十一月末から計七回の質問権の行使がなされました。ところが、解散命令を請求できるかどうかの指針として岸田首相が国会で答弁した法令違反（悪質性、継続性、組織性）は、この質問行為だけで明らかにできるかどうか難しい状況にあるといわれていました。

というのも、二〇〇八年から二〇一〇年にかけて統一教会の地域教会と販社による霊感商法や高額献金の強要が十件ほど特定商取引法違反で起訴され、有罪判決が出されたにもかかわらず、検察は統一教会による組織的な詐欺行為として事件を処理しませんでしたし、文部科学省も統一教会の宗教法人としての責任を問うことはありませんでした。質問権の行使は質問紙による調査の依頼であり、捜査による証拠の押収も事情聴取もできないので教団に不利な証拠資料が出てくる可能性は低いのです。

また、国会の会期末に合わせて約二カ月で制定された「法人等による寄附の不当な勧誘の防止等に関する法律」は当初、政治家もマスメディアも「救済新法」と銘打ったにもかかわらず、金銭的被害の回復や二世信者の問題などを解決する手がかりになりそうもありません。もちろん、今後の悪質な霊感商法や献金被害などを予防するガイドラインとして機能することが想定されますが、行政や司法による直接的な支援を促すものとはなりませんでした。

霊感商法対策弁護士連絡会は、統一教会に対して約十六億円の損害賠償請求にかかる集団交渉を始め、二〇二三年十月には約百四十人、計四十億円相当の損害賠償請求について東京地方裁判所に調停を申し立てています。なぜなら、集団交渉の期間中、統一教会は終始、個別事案ごとに応じる態度を示しています。こうなれば、従来通り、被害者が統一教会を相手取った損害賠償請求訴訟を一件ずつ起こし、数年をかけて争わなければならなくなります。そして、被害と被害金額を確定するためには、物品購入や献金の事実と金額を示す領収書他の証拠書類や記録が必要となるのですが、統一教会は大半のケースにおいてそれらを渡していないのです。そのために、被害者と弁護士たちはメモや日記、預貯金通帳から出金の記録を確認する作業に膨大な時間を費やしてきました。この繰り返しが再び始まる可能性が大なのです。

二世信者の支援に関しては、二〇二二年十二月二十七日に厚生労働省が「宗教の信仰等に関係する児童虐待等への対応に関するQ＆A」を全国の自治体に通知し、行政と警察、児童相談所などが連携して対応するよう求めました。しかしながら、自治体が宗教二世の実態把握やアウトリーチによる支援活動などを行ったという報道は未だなく、相談業務に従事する職員やカウンセラーがセミナーなどでカルト問題や特定教団における虐待事例などを学習する機会がそれほど増えているわけではありません。私がこの一年で講師を依頼されたのはわずか一件です。

この一年の間に統一教会に対してかなり行政と政治が対応を強めたはずなのに十分ではない。政治家や役所の本気度が足りないのか、法律の構成や効力に問題があるのでしょうか。これらの諸点に関して自由に討論を行うというのが討論番組のねらいでした。

日本とフランスの宗教政策の違い

金塚氏はフランスの反セクト法（正式名称は「人権及び基本的自由の侵害をもたらすセクト的運動の防止及び取り締まりを強化するための二〇〇一年六月十二日法律2001－504号」）の概要を示した上で、人権を守る、精神的脆弱者の搾取を許さないという普遍的な理念に基づく法であると説明しました。それに対して日本の法人等寄附不当勧誘防止法は対症療法的で、しかも効果が疑わしいと批判しました。

駒村氏の見るところ、フランスの憲法は国家と個人との間にある中間団体（宗教団体や企業、組合など）の影響力を排除して、国家が国民の自由や権利を直接的に擁護する仕組みになっているために、国が宗教団体を含む各種団体の圧力行為に対して強く介入する傾向があるとのことでした。日本は憲法第二十条に、①信教の自由と、②政教分離、③公教育における宗教教育の禁止など、多くの条項を盛り込んでおり、①と②が葛藤する状況（自衛官の護国神社合祀訴訟や靖国神社公式参拝違憲訴訟）、①と③が葛藤する場面（エホバの証人による高専剣道実技拒否訴訟）が生じました。信教の自由にかかる独自の主張に対して公共的空間に宗教を持ち込ませないライシテ（非聖化）のような強い判断ができず、裁判所の判断が訴訟ごとに割れることがあります。

小原氏と私は歴史的背景が異なる国の法律を導入することにはそもそも無理があるし、日本とフランスでは自由や人権という共通の言葉を使いながらも、その守り方を見るとかなり違った捉え方をしているのではないかと論じました。

私があげた例は、精神障害者のケアの仕方です。精神的疾患は日仏共通であるのに、二〇一四年の平均的な病院収容日数はフランスの六日に対して日本の二百八十五日です。しかも、日本では認知症患者で精神科病棟に入院する例も少なくありません。この差が何を意味しているかです。

日本では精神的脆弱者を守るやり方として温情的な措置入院という手厚い看護をしているようで、その実、障害者や高齢者を隔離もしくは社会的に疎外しているともいえます。他方で、フランスは社会参加の機会を基本的人権と見なしており、ノーマライゼーションが進んでいるともいえます。とはいえ、社会適応ができない人々がホームレス化する例も少なくないとされます。どちらが優れているわけではなく、日本は脆弱者の生命的安全と関係者や地域の人たちの安心を重視し、フランスは精神的自由を守るために脆弱者と一般の人々にリスクがあることを容認しているわけです。

ただし、フランスはカトリックの修道会やジャン・バニエによって創始された知的障害者と共に暮らすラルシュ共同体のような中間団体の働きが手厚く、行政に福祉を任せるか家族責任とされてしまう日本とも対照的です。

日本は良くも悪くも家父長的なパターナリズムが強く、国民は国家に安心・安全の保障を期待し、国家は国民に管理を受け入れることを期待します。それは精神医療のみならず公衆衛生でもそうであり、教育や宗教政策でもそうした傾向があるのではないでしょうか。

一方で、宗教法人の行政的管理という発想には注意しておくべきことがあります。教育や医療を等しく受けられるのは国民の権利なので、社会保障の制度の枠内で考えられており、とりわけ医療には多額の国税が支出されています。宗教の場合、宗教行為を行うのは国民の権利であるとも義務であるとも考えられていません。それは自由ではあるのですが、むしろ国家は宗教制度に関わらないことを政教分離で規定されています。そのために、国や地方公共団体は宗教施設に公金を支出しません。教育法人や医療法人が文部科学省や厚生労働省によって所管され、管理されるのは、公金が支出されているためです。

カルト団体を監視し、規制を加えるという意味でカルト規制法的なものが考えられていますが、憲法における政教分離の考え方と宗教法人には国税がまったく使われていないことからも、教育や医療並みの管理や指導はできないし、望むべくもないことです。宗教法人となることの非課税特権もよく言及されますが、巨大な新宗教団体を例外として、大半の宗教法人にとって特権というほどのこともなく、仮に宗教施設が立地する土地に固定資産税をかけられれば立ちゆかなくなる寺社・教会がほとんどでしょう。

家族・地域・国家の不明確な境目

田中氏は、日本社会は古代から近現代までイエ・ムラ・クニの境目が明確でなく、イエの親子関係の論理がクニの天皇と臣民との関係に擬制されたり、ムラ社会の人間関係が政党や各種業界にも見られたりするなど、法やルールで動く社会ではなかったことを指摘しました。

そのうえで、統一教会のような問題は日本社会の共同体的体質であったイエ・ムラが機能しなくなったために、かつて共同体の中で守られてきた人々を守れなくなった結果生じたことではないかというのです。

確かに、霊感商法や高額献金の被害者が、家族の中で孤立し、親戚関係や友人関係からソーシャルサポートを得られなかったために、統一教会からの一見親切なアプローチに乗ってしまい、そこに自分の居場所と精神的な安らぎを得たと錯覚してしまったこともあるでしょう。

イエ・ムラ・クニの連続性に対して郷愁を抱く感覚は、統一教会の〈祝福家庭―文鮮明《ムン・ソンミョン》・韓鶴子《ハン・ハクジャ》の再臨主をいただく地上天国〉と〈保守的な政治家が抱く伝統家族―日本という民族国家〉にも通じるかもしれません。二〇二〇年の日本の家族において、青年と高齢者の単独世帯が四割を占め、残る家族世帯も二割が夫婦のみの世帯、一割が片親世帯、残る三割が夫婦と子ども世帯ですが、その半数は高齢の親と未婚の中年の子からなる世帯です。異次元の少子化対策などはわずか十数％の世帯対象の施策にしかならないのです。それにもかかわらず、日本の政治家が家族のあり方と社会のあり方との連続性を重視し、そこに地域や民族国家としてのまとまりを構想する傾向があります。統一教会の関連団体が自民党にアプローチをかけ、保守的な家族観に基づくジェンダーフリー批判や家庭教育支援という野合が成立しました。

政治不信と宗教不信を排するには

島薗氏と駒村氏が説明したのは、憲法第二十条（信教の自由と政教分離）と憲法第二十四条（家庭における個人の尊厳と両性の平等）のゆらぎです。どちらも戦前までの天皇制や総動員体制を正当化する国家神道体制の解体と、家父長制的な不平等を是正して個々人の権利と平等性をうたうために設けられました。しかし、日本人の意識が一夜にして変わったわけではないので、憲法の理念と政治家や行政の行う施策とのズレが生じます。政教分離や婚姻規定に関わる違憲訴訟が提訴されているのですが、近年は国側の意向に沿った先祖帰りしたような判決が出ていると駒村氏は指摘しました。統一教会の問題を考える際、やはり立ち返るべきは憲法の精神ではないでしょうか。

日本の政党は政治献金による業界との癒着を断つために政党助成金が交付されていますが、このカネが党執行部の権力基盤や体制強化に使われ、政党助成金目当てのワン・イシュー政党も出現しています。宗教法人の非課税や収益事業における税率の優遇にあぐらをかく宗教団体も見受けられます。しかし、政党と宗教法人の特権は、どちらも公共的な活動を行うという前提のもとに認められているわけです。政治活動自体、宗教活動自体が本来的に公共的なものだというのは、政治家や宗教家の思い上がりです。自らの活動が公共的なものとなっているのか、政治家はただ単に政治活動の成果を自らの地盤・看板・鞄に注ぎ込んでいないか、宗教家は宗教活動がなりわいとしての稼業になっていないか反省すべきでしょう。そうした自覚なしに統一教会問題に端を発した政治不信や宗教不信は払拭できないのではないでしょうか。

9 解散命令の請求で統一教会問題はどこまで解決するのか

文科省が解散命令の請求を東京地方裁判所に行ったが、最高裁判所まで審理に時間が費やされる。その間、統一教会の活動を宗教法人として許容していくのか。被害者救済のために法人の財産保全を行い、資産が別組織や韓国本部に移転されないようにすべきなのか。また、そもそも解散されたとして現在の統一教会の問題がどこまで解決されることになるのか。

解散命令の請求

文部科学省は二〇二三年十月十三日に世界平和統一家庭連合（以下、統一教会と記載）への解散命令を東京地方裁判所に請求しました。十二日に宗教法人審議会において全会一致で承認され、その後、文部科学大臣が記者会見において理由を述べました。

統一教会側の損害賠償責任を認めた民事判決が文化庁の把握した限りで三十二件、一審の被害者総数百六十九人、認容された額は約二十二億円で、一人あたり平均千三百二十万円。訴訟上の和解、示談に至ったのは約千五百五十人、解決金等の総額は約二百四億円で、平均は約千三百十万円といいます。私が関わった裁判では二億七千八百二十万円が認められており、青年信者の場合は数百万円、中高年では数千万円、資産家では億単位の被害が出ていたわけです。

大臣は、「被害は金額だけでなく、献金しなければならない不安、圧迫など本人、親族に与えた精神的な損害は相当甚大」と述べ、教団の行為は民法の不法行為に当たり、解散命令を出すべき事由に当たるとしました（『朝日新聞』二〇二三年十月十二日、十三日付）。

二〇二二年七月に安倍晋三元首相が銃撃された事件以降、メディアが統一教会を連日取り上げ、霊感商法や高額献金の問題、子宝に恵まれない合同結婚式参加者に斡旋された七百四十五人の養子、二世信者に対する合同結婚式参加への要請、自民党と統一教会関連団体の選挙協力や政策協定などが明らかになり、岸田政権は態度表明を迫られました。二〇二二年の十月の国会で首相は質問権を行使すると表明し、文科省は十一月から二〇二三年の七月まで計七回にわたって質問権を行使したのです。

質問権の行使といっても実質アンケート調査なので、事実を記載するか否かは統一教会側に任されています。文科省にはそれ以上の調査権がないために、一応は回答書を参考にしながらも、被害者百七十人超から個別の経緯や被害状況を聞き取り、さらに裁判資料や有識者にあたって証拠固めを行ったとされます。

この一年余りの文化庁宗務課の活動は、他の省庁から三十人余の応援を得たとは聞きますが、元の十数人で行うには相当な激務だったろうと推察されます。宗務行政を所管する責任を全うしたことは評価できます。しかしながら、この業務を霊感商法が華やかなりし頃の一九八〇年代後半から九〇年代前半にやっておけば、これほど甚大な被害は生じなかったでしょう。

統一教会は、終始解散命令請求の事案に当たらないことを主張してきました。その根拠の一つが、霊感霊視商法の詐欺で立件された明覚寺、松本と地下鉄サリン事件ほか信者や弁護士など三十名近くを殺害し、六千名を超す市民に重軽傷を負わせたオウム真理教のように、宗教法人の責任者が刑事罰を受けていないことです。

刑事事件か民事事件か

今回、大臣が明言しているように民事上の不法行為が、宗教法人法に規定された宗教活動の適格性と公共の福祉に著しく反すると評価されました。実のところ、統一教会には、薬事法違反（韓国から輸入した高麗人参茶を諸病に効くといい販売）、特定商取引法違反（販社と地区教会が共同で印鑑・

壺などの霊感商品を販売する際、客を畏怖困惑させた）、公職選挙法違反（自民党議員の個別訪問を行った国際勝共連合職員が逮捕）など刑事事件が三十件ほどあります。また、この度の被害統計には含まれておりませんが、一九八七年から二〇二二年までに全国の消費者センターや弁護士会で集計された被害金額が千二百三十七億三千三百五十七万五千四百六円に達しています（全国霊感商法対策弁護士連絡会ＨＰ被害集計）。明覚寺の被害金額より一桁は多いはずです。

　それにもかかわらず、統一教会は組織として霊感商法や高額献金の要請をやったことはなく、関連団体の販社や教会長個人などの所業であると述べて、宗教法人としての責任はないと主張します。しかし、統一教会の信仰の核は、メシヤである文鮮明《ムン・ソンミョン》への絶対的忠誠であり、組織の中心者（日本であれば会長、教会であれば教会長）の指示に従うことです。したがって、信者個人が勝手に霊感商品を販売したり、末端の信者に献金を要請したりすることはありえません。それは、統一教会に対する民事裁判の判決において法人本部に使用者責任が認められていることからも明らかです。

　もとより組織的詐欺をはたらいたり、人を殺したりしていなければ問題ないという主張に宗教者としての倫理性や品格を感じません。宗教法人法を持ち出すまでもなく、宗教団体は宗教行為に専念すべきだし、余力があれば公益に資する社会事業を行い、信者の福祉にも配慮すべきです。ところが、統一教会は一般市民を騙し、信者の生活を破壊してまで韓国に送金し、公序良俗に反した霊感商法を宗教行為として行ってきたわけで、宗教法人はおろか宗教団体としての資質すら欠いていると言わざるを得ません。

遅きに失した感も否めないのですが、宗教法人の所轄官庁である文部科学省が、宗教法人としての最低限の資格を確認したことに意味があります。東京地方裁判所に請求された解散命令の可否については、東京地方裁判所、東京高等裁判所、最高裁判所が審理し、最終的な決定を行います。裁判は短くても数年かかるのではないでしょうか。この後の記述では、①解散命令の請求によって統一教会問題がどの程度解決するのか、②宗教法人に行政処分が課されることの意味の二点について詳しく見ていきましょう。

被害回復と財産保全

一般市民や元信者が受けた被害という場合、金銭的被害と精神的な被害があります。金銭的な被害は統一教会に対する損害賠償請求によって司法的に解決が図られます。現在、全国統一教会被害対策弁護団による統一教会に対する返金の集団交渉（百四十人の被害者による四十億円の支払い請求）は、統一教会が集団交渉に応じず、「信徒会」と呼ばれる各地の組織で個別に対応する方針を通告してきました。そのために、二〇二三年七月三十一日に東京地方裁判所に調停が申し立てられています。

誤解のないように説明しておかなければいけないことは、宗教法人に対する解散命令と、被害者救済は直接には連動していないことです。数年後に解散命令が確定すれば、宗教法人の資産は関係者

（債権を有する者他）によって処分されることになります。ただし、被害者を名乗るだけでは債権者とは認められません。個々の事案において被害者が畏怖困惑や錯誤させられたり、信教の自由が侵害されたりしたという教団側による不法行為が認められた場合に限ります。ここに二つの問題が生じます。

一つは、弁護団が集団交渉を進めている理由にもなっているのですが、個々の裁判には数年の時間がかかり、各地で判決を得るのに膨大な労力と時間が費やされます。統一教会が組織的に不法行為を行っていると認定されれば、一括の損害賠償が得られ、被害者の利益になります。もう一つは、解散命令の決定までに時間がかかるために、統一教会が現有資産を関連団体に移すか、韓国本部に送金してしまい、清算後に損害賠償に充てられる資産が残されない可能性もあります。

そこで、全国霊感商法対策弁護士連絡会が主張し、立憲民主党・日本維新の会が第二百十二回国会で特措法を提案しているのが、教団資産の差し押さえです。

私は統一教会の活動を三十年来批判し、被害回復のために尽力してきたものですが、この議論は難しいのではないかと考えております。解散命令が出ていない宗教法人に対して強制的に財産権を制限するのは、現行法では法律的に難しさが伴うこと。現段階において宗教法人として機能している統一教会には数万人の信者がおり、現有資産にはこの人たちの働きや献金も含まれている以上、その全体の差し押さえはやり過ぎではないかなと思われます。

妥協案としては、現段階で調停を求める集団訴訟の支払い請求分のみを引き落とし不可能な口座に預けさせるなどのやり方も考えられますが、集団訴訟に加わる被害者が今後増えることも予想されるために預け金の額が決まらず、このやり方も難しいと思います。何よりも統一教会が集団交渉においても組織的責任を認めず、解散命令の請求でも徹底して争う姿勢を崩していない以上、司法判決が出る前に立法と行政において処分を先行させることは、統一教会に「宗教迫害」を世界中でアピールするきっかけを与えることになるのではないかと懸念しております。

統一教会が百億円の供託提案

十月末から十一月にかけて立憲民主党が財産保全の法案、国民民主党・日本維新の会が宗教法人法の改正案を臨時国会に提出して、統一教会の財産保全が国会で議論されるようになりました。当初は、自民党と公明党ともに消極的でしたが、世論の動向を見据えて党内にワーキンググループを設置し、何らかの対応策を検討することになりました。

こうした動向を見た統一教会は、十一月七日に記者会見を開き、お詫びと百億円の供託金の説明を行いました。その目的は、国内に保有する教会施設の不動産や預貯金などの資産が差し押さえられる前に、一定額を供託することによって残りの資産の処分を自由に行い、解散命令の請求に係る裁判の期間中は宗教活動に制限を加えられないようにすることを狙ったものです。

お詫びの内容は、一連の事件によって心を痛めた教団の二世信者と世間を騒がせたという意味で国民にお詫びしたものであり、統一教会の被害者に対して謝罪したものではないと田中富広会長が何度も明言しました。現在進行中の集団交渉に言及しながら、それらは「すべてが被害であるということは受け入れがたい」と述べ、被害者としてクレームを上げている百四十人に対して謝罪することはないと言ったのです。

仮に供託を言うのであれば、被害額の確定を含めて交渉が難航しているために、統一教会としては損害賠償を行う意志があり、またその能力があることも示すために法務局や地方法務局などの供託所に供託金を預けるというのが筋です。ところが、統一教会はこの集団交渉を行う意思も弁済するつもりもまったくないというのです。ならば何のために、誰に対して供託するのかということが問題になります。被害を一切認めないということであれば供託する必要もないわけです。

統一教会は、裁判所の審理において反省しているとして情状酌量を求めるつもりなのでしょう。ところが、記者会見において反省はするけれども謝罪する相手はいないというわけです。この記者会見に対して、文部科学省は解散請求の対象から供託金を扱う制度の設置を依頼されるなどというのはありえないと述べ、政府関係者も無視する意向を固めたようです。統一教会の被害者からは、解散を逃れるごまかしとして厳しい批判が出ています（『朝日新聞』二〇二三年十一月八日付）。

結局、自民、公明、国民民主三党が提出した財産処分の監視を強化する特例法案の修正案が十二月五日の衆院本会議で野党も含めた賛成多数で可決、参院に送付され可決されました。

その内容は、①法テラス業務特例で償還免除の範囲に被害者による訴訟支援を含めること、②指定宗教法人に対する財産目録・収支決算書などの提出と被害者による閲覧を可能にすること、③財産保全のあり方について今後検討を加えること、ですが、この法律を運用してどの程度被害者救済が進むのか、予断を許しません。

ところで、金銭的な被害の損害賠償より難しい問題は、精神的な被害の回復です。騙されたという言葉の裏には、一時は信じてしまった悔いや裏切られたという憤りが込められています。消費者の立場で霊感商法の被害にあった人には、損害賠償金の受け取りが回復に役立ちますが、信者の立場で献金を行ってきた人にとっては、人間関係と時間の喪失が甚大な被害であり、自己の使命感や達成感を失ってしまった人には自己という主体の喪失そのものなのです。

青年期に統一教会信者となり献身した数年間は、脱会後に数年間をかけなければ癒されないでしょう。中高年で入信して十数年を費やした人は、最期の時までが精神的なリハビリかもしれません。韓国に渡った約七千人の女性信者のうち六千人余りが、現在も韓国の地で統一教会員として、不活動の信者として、脱会者として韓国人の夫と子どもと暮らしています。この女性たちにとっては、回復という言葉はあまりに軽すぎるのかもしれません。一生をかけてしまったのです。

しかしながら、統一教会の子どもたちはまた別の考えを持つかもしれません。両親は自分の人生を選択できた。子どもの私たちにはそれすらなかった、というわけです。

二世信者が望むこと

私は大学において統一教会の二世信者と何度か話をしたことがあります。いくら同じ大学の教員とはいえ、私の著作などを読めば、統一教会に対する批判的な立場は容易にわかります。そのために私との関わりを遠ざけている学生や、抗議のメールを送ってくる学生もいますし、迷っていることを話したいと研究室を訪れる学生もいます。

学生たちが考えていること、悩んでいること、家庭環境もさまざまです。もちろん、経済的に裕福な学生はいませんので、奨学金を目いっぱい借り、アルバイトに追われる学生時代を送っています。しかし、親元を離れることで統一教会の子どもの集まり、教会、親からの躾や監視を逃れ、同世代の学生たちと触れ合う中で統一教会の信者としての生活を相対化する視点を徐々に持つようになります。

学生たちは自分たちが経験した限りでの知識を持っているだけで、統一教会の歴史や組織、活動内容などを知っているわけではありません。自分の家庭環境や青年期の自分に期待される性的な潔癖さや信者同士の祝福婚などについての違和感を抱きつつも、教団組織に対して特別な感情を持っていない人もいます。

もっとも、大学に進学できた学生ですから、二世信者の中では家庭や経済環境に恵まれた部類ともいえるかもしれません。山上徹也被告のように進学を断念した二世信者も相当いるはずです。親が信じていることをまったく信じられず、資産を投げ出し家族を顧みない親の姿に「親ガチャ」の思いを強くした信者も多いでしょう。このような人たちには教団に対する怒りがあります。

その一方で、親の信仰を素直に、あるいは迷いながらも継承している万を超す統一教会の二世信者がいます。大学では学生組織ＣＡＲＰ（Collegeate Association for the Research of Principle 原理研究会）の主力メンバーであり、現在の教団組織の中堅幹部に育っている人たちも含まれるでしょう。この人たちは、統一教会に向けられた被害者の怒りや市民の嫌悪感にとまどい、自分たちの居場所が奪われ、日本社会から抹殺されるかもしれないという恐怖すら感じているかもしれません。

二世信者の考え方、生き方はさまざまです。支援といっても一筋縄ではいきません。教団組織に属していようといまいと親と縁が切れるわけではなく、出生の由来としての合同結婚式、統一教会という存在を度外視した人生も難しいでしょう。

では、次に、宗教法人に対する解散命令を宗教界としてどう受け止めるべきかについて論を進めていきましょう。

行政・司法と宗教

『朝日新聞』の事前のアンケート調査や直後の取材によれば、伝統宗教や新宗教の諸教団の受け止め方はさまざまです。やむを得ない、反対に二分され、判断を保留する教団においても、行政が宗教に介入することの危険性や信教の自由が侵害されないかを懸念しています。このように判断が分かれる理由として、①自民党による教団との関係隠滅や政権浮揚につなげるために解散命令の請求が利用されているのではないか、②文科省の判断の根拠（証拠資料や宗教法人審議会での議論）や今後の裁判所における審理の透明性が担保されてない、③国家権力による宗教への強い介入への懸念があげられていました（『朝日新聞』二〇二三年五月五日デジタル版、同十月十二日付）。

①はその通りでしょう。②に関しては、情報公開が不十分であることは否めないのですが、文科省としては手の内をすべて見せてしまうと裁判所の審理に影響を及ぼしかねず、被害者や関係者、識者の情報や見解が知られることで教団からの報復的反応のおそれもあるためやむを得ないところもあります。③については市民の意識と宗教界の認識の間に隔たりがあります。

つまり、被害者や市民の間では宗教に対する信頼性や期待がそもそも高くなく、むしろ不信感や警戒感が強いのです。一九九五年のオウム真理教事件以降、伝統教団・新宗教ともに新たに信者を獲得し、教勢を拡大できたところはほとんどありません。少子高齢化などの人口減少期にも関連していますが、宗教不信の影響が大きかったのです。今回の統一教会問題は、政治不信・宗教不信を増幅させています。そのうえで、信者の人権や福祉を守るために司法判断や行政の介入を積極的に求める声が増えています。最も強い意見としては、フランスの反セクト法を範としたカルト規制法や行政的監視・指導機関の設置が提案されています。

宗教界は聖域ではなくなってしまったのです。宗教者、宗教団体ということで自明とされてきた高い倫理性、公共心、社会への貢献、人々を幸せにするといった前提を共有しない人たちが、もはや社会の大半を占めてしまったということです。それは、一部のカルト団体による事柄であって宗教界全体の問題ではない、風評被害だと大半の教団が認識しているかもしれません。しかし、宗教界において問題のある宗教が出現しても「信教の自由」の前に批判しない、介入しない、事なかれ主義があったことは否めず、結果的に宗教界に自浄作用を期待できないという意識が一般化してしまったのではないでしょうか。

宗教に対する司法や行政の介入によってこそ個人の人権や福祉が実現されるという見解に、それは違うと強く言い切るだけの実践がなければ、市民の信用は得られません。

宗教界が果たすべき役割

先に述べた被害者や二世信者のうちで精神的な回復に悩む人たちの声に応えていくことではないでしょうか。「宗教はこりごりだ」という人たちが関わり、巻き込まれてしまったカルト視されるような宗教とは異なる宗教を見てもらい、味わってもらえないものかと私は考えています。

震災後に被災者の心のケアを傾聴で行う臨床宗教師の存在が注目されてきました。ならば、「宗教・カルト災害」の経験を聞くことはできないものでしょうか。従来は脱会カウンセラーとして特定教団からの脱会を支援する専門家として知られてきた人たちがいます。しかし、現在は「正しい宗教」「誤った宗教」という二項対立を超えて、人間の本質に根ざした支配したがるこころや安心を求めるこころを冷静に見つめ、宗教の暗部にふれて傷ついてしまった人たちを慰めることが求められています。そのためには宗教者が自派の教説・教団だけの狭い世間を出て、自身の宗教リテラシーを相当に高め、豊かにしていかない限り、宗教のダークサイドともいえるカルト問題を理解し、その経験を語る人に共感して支えることはできないと思います。

こうした実践が積み重なることで宗教者が頼られる存在に社会の中で変わっていくのではないでしょうか。

第3部

宗教リテラシーこそカルト問題解決の鍵

1 宗教とリテラシー

宗教リテラシーという言葉は耳慣れないかもしれない。リテラシーとは読み書きに相当するが、宗教を読むとは何を意味するのか。宗教を書く、あるいは宗教の集まりや儀式に参加する際はどのようなことに注意すればいいのか。私たちは宗教文化に囲まれて生活している。冠婚葬祭、宗教と無縁ではいられない。そうであれば、学んでみてもいいのではないか。

宗教リテラシーとは何か

二〇二三年三月三日にNHKEテレ「こころの時代」のシリーズ『問われる宗教とカルト―宗教リテラシーをどう高めていくのか』が収録されました。参加者は、島薗進東京大学名誉教授、小原克博同志社大学教授、批評家の若松英輔氏、神話学が専門の平藤喜久子國學院大學教授、ロシアの政治と宗教が専門の井上まどか清泉女子大学准教授と私の六人でした。

はじめに司会の私から宗教リテラシーについての問題提起を行いました。

宗教リテラシーとは、文字通り宗教について「知識がある」「分かる」ということです。このように定義すると、どのくらいの知識量があればリテラシーがあるといえるのかという基準の話が出てきます。世界の諸宗教や日本の宗教史、現代宗教の動向など広く知らないとリテラシーがあるといえないのかということです。総合的な知識量だけでいえば、大学で宗教を教える教員であっても必ずしも十分な知識があるとはいえないでしょう。世に宗教者と呼ばれる人たちも自教団の教説しか知らなければ、リテラシーがあるとはいえません。

しかし、私は「分かる」という実践的な面に着目するのであれば、知識量はそれほど問題ではなくなると考えています。

宗教リテラシーが必要であるといわれてきた背景は二つほどあります。一つはカルト教団によるアプローチに対応できる程度の実践的な知識であり、私は二十年近くこの議論をしてきました（拙文『「カルト」対策としての宗教リテラシー教育』『現代宗教２００７』三〇〇―三二一頁、二〇〇七年／「宗教リテラシーと現代仏教　信教の自由を守るために」『全仏』六一七号、二〇一六年）。

もう一つの背景は、グローバルな時代に対応した宗教文化教育です。この論点は平藤氏に宗教文化士の資格から深めてもらいました。一九九五年のオウム真理教事件後、日本の現代宗教自体がグローバル化していました。また、海外から世界中の外国人が留学生や労働者として流入する際に自分たちの宗教文化を持ち込んでいることや、海外に出かける日本人留学生や企業の社員が現地の宗教文化への対応を求められるようになりました。無宗教・無信仰を自認する人であっても、国内外における他者理解に宗教文化の知識は不可欠になっています。

宗教文化士における宗教知識教育

宗教文化教育は数年間の準備期間を経て、二〇一〇年から「宗教文化士」の資格認定が宗教文化教育推進センターにおいて十二年間なされてきました。現在三種類の資格があります（左の表参照）。

私は専門宗教文化士としてセンターの運営委員を設立時から現在まで務めています。

宗教文化士の資格一覧（宗教文化教育推進センター）

1　**宗教文化士**　大学で宗教関連科目を16単位取得するか、センターで用意しているE－ラーニング教材10科目から5科目を選択して受講し試験に合格すれば、年2回実施されるオンラインでの認定試験（選択式50問と論述試験）を受けることができ、これに合格すれば宗教文化士となります。

2　**上級宗教文化士**　宗教文化士の資格更新（5年間有効）にあたり、E－ラーニング科目の受講、センター主催の講演会・現地見学会に参加、レポート提出などの必要な条件を満たした者に与えられます（終身）。

3　**専門宗教文化士**　大学における宗教文化教育担当の実績があると認められた者に与えられます（運営委員や教材・試験問題作成を行い、教育実績のある大学教員などに）。

平藤氏が指摘した問題は、大学教育や社会教育において宗教リテラシー教育を行っても、その前段である小学校から高等学校までの期間、宗教立の学校などを除いて現代人はほとんど宗教について学んでいないということです。高等学校段階で教育を終えた人は宗教について学ぶことはありません。島薗氏は自分の子どもの頃は学校で学ばなくとも家庭内の躾や地域社会で自然に宗教に慣れ親しむ環境があったが、現在、一部の子どもたちを除けば、それは望むべくもないといいます。

宗教リテラシー教育の課題と実践

若松氏と小原氏は、宗教リテラシーと宗教学リテラシー（諸宗教についての知識）の差異にふれました。若松氏はカトリック教徒であり、キリスト教を通して宗教なるものをさまざまな形で学生に考えてもらおうとした時に、大学は宗教学リテラシーを教える場であっても、宗教リテラシーを伝えるには不自由な場所であると述べました。それが大学教員をやめたきっかけにもなったといいます。

確かに、大学教育というよりも学校教育において「宗教」を認知・感覚・身体の諸側面から学習させることは難しいでしょう。学校では有志を募った形であっても、修行やらリトリートもできませんし、「祈る」こと一つとっても教えることができるのかという根本的な問題はあります。

しかし、ここまで厳密に考えずとも宗教学を通して宗教を教えることはある程度可能なのではないでしょうか。

学校で習う諸科目もいわゆる座学であり、現場に即せばもっと実践的な学びの方法があるでしょう。また、学校行事を通して集団行動や規律を学ぶ、クラブ活動などで自主性や忍耐力を養うといったことも、かなり学校ごとクラブごと個人ごとばらつきはあります。そういう意味では、宗教立の学校において宗教リテラシーを教えることがどの程度なされてきたのか、可能であったのか、経験に基づいた知見を公表してもらい、それに学んでいけるのではないかと思っています。

小原氏は牧師で神学者でもありますが、「信仰」について語ろうとした時に、宗教リテラシーと宗教学リテラシーのせめぎ合いが生じるといいました。宗教リテラシーは家庭や地域において文化として身につけたものであり、知識として学ぶものとは位相を異にすると述べています。

私は宗教を信仰や信心からだけ語ることには、明治以来のキリスト教文化圏における宗教概念の偏りがあるのではないかと考えています。東アジアの宗教文化において、唯一の神的存在や崇高なるものに帰依するといった宗教に対する態度は、宗教的少数派に顕著に見られるものでした。多数派は、複数の崇拝対象や礼拝対象を有し、ご利益に応じて機能神を使い分けるくらいの柔軟な宗教に対する向き合い方をしていました。これが、西欧の宗教学やキリスト教からはシンクレティズム（習合・混淆）と言われ、キリスト教や仏教、イスラームなどの歴史宗教から一段低い民俗宗教と認識されてきたのですが、そこに偏見はなかったのかと現在学術的なレベルでも問題化されています。

信仰といってもさまざまな形態やレベルがあるのではないでしょうか。

先祖祭祀や死者の供養において信仰という言い方はしません。しかしながら、現代日本の寺院仏教においてこの部分を抜いたインド仏教や中国仏教のような経典・法会・仏法僧への帰依を中心とした仏教はどのくらいあるのでしょうか。

日本人は、年中行事や人生儀礼においてさまざまな宗教文化にふれますが、その意味を学校で教えることはできます。お祓いや祈願にどの程度の祈りや信心を含めるかは人によって違うかもしれませんが、一般的な形としての儀礼を教えることができ、宗教者の生活と宗教施設を維持・運営するためにどのような経費が必要であるかということから、布施や献金などの世間的な相場についてある程度語ることはできるのではないでしょうか。

先祖が地獄で苦しんでいるので救うためには、高麗大理石壺を買ったり、特別な修錬会のために韓国に渡って相当の献金をしたりしなければいけないと言われた人に対して、数百万円単位の献金が妥当なものかどうか、学校の先生でも常識的に教えていいと思います。それが信仰に基づくものであれば、数千万円でもあり得る話だと言えるのでしょうか。そういうことが宗教的行為として行われるのであれば、そこで言うところの信仰とは何なのか、ミッションスクールにおいて宗教を教える担当教員は自らの見解を生徒や学生に語るべきではないでしょうか。

コモンセンスとリテラシー

私はこれらの議論を聴きながら福沢諭吉の『福翁百話』を思い出しました。

三十九話に

《所謂《いわゆる》常識（コモンセンス）を備へて平生の心掛け迂闊《うかつ》ならざれば世を渡ること甚だ易し》

とあるように、福沢は学問的知識を実学にする発想を重視しました。

現在、実学は近代の学問や実際に役立つ医学・工学・法律学・経済学などと理解されていますが、福沢の場合、学問を通して合理的な思考や応用的な発想が実生活に生かされるコモンセンスの域に高められていなければいけないといいます。この観点から宗教リテラシーを考えるのであれば、宗教に係る知識を蓄えることではなく、その知識を活かして身の回りの宗教的な事柄に対応できるようになっていることが宗教リテラシーなのです。

カルト問題との対応でいえば、「あなたは今幸せですか」「あなたは真理を知っていますか」「人が死んだ後どうなるか、怖くはないでしょうか」などと話しかけられた時に言葉を失うのではなく、自分なりに考えたことを相手に伝え、人間や世界について考えられる知的能力や感性を持っていることを示すことです。

グローバル化への対応という場面では、相手の人格と宗教文化に対して敬意を示し、日本が歴史的に培ってきた宗教文化について一言述べて、相互に交流できる人間であることを示すことです。その際、知識の不足や経験の不足は問題ではありません。若松氏は、交流や対話を通しても分からないことや分かり合えないことがあるし、そのことに沈黙する時間も必要なのだといいます。

私も同感です。知ることと分かることの間には大きな溝があります。現在、東大王などのクイズ番組や朝昼晩の情報番組などでトリビアル（広汎でも些末な）な知識の羅列や新規性を競っていますが、出演者の語る言葉は情報です。経験しても語れないことや分からないことはあるものです。もちろん知識は自分の限られた世界を拡張するために必要な武器になります。

海外における宗教文化教育の実際

次に、海外の事例に話を進めましょう。

井上氏はロシアにおける公教育で実施される宗教教育について説明しました。二〇一二年に「宗教文化と世俗倫理」という科目が設定され、子どもたちは「正教」「イスラーム」「伝統宗教」「世界宗教文化」について学んでいるのだそうです。

ロシア正教がプーチン大統領の政策を擁護し、ロシア・ナショナリズムと密接な関係を維持しているのは事実なのですが、ロシア自体が周辺の友好国も含めて複合民族・多宗教の国家なので、このような教育を行わざるを得ないのだといいます。

島薗氏はイギリスにおいても「隣人の宗教」ということで生活の中の宗教を学校教育で学ぶ機会があるといいます。イギリス自体がイスラームの流入などと他民族・多文化化しているために相互理解の手段として宗教文化を意識的に学んでいるのです。

小原氏によれば、ドイツでもイスラーム圏からの移民に対応するべく、倫理の科目においても異文化圏や異なる宗教的背景を持つ子どもとのやりとりを対話型教材にしているのだそうです。ヨーロッパ諸国は総じて多文化対応の宗教文化教育を始めておりますが、平藤氏によれば、アメリカでは、未だ創造説（神による創造か、もしくは超越的実在によるインテリジェント・デザイン説など）と進化論のどちらを教えるか、論争すら生じるキリスト教国家として異彩を放っているようです。

グローバル化、ダイバーシティ教育など流行を追うことに敏感な日本の教育界において、こと宗教文化教育については何も追えていないことにどれだけの人が気づいているのでしょうか。

ところで、宗教リテラシーについて考えるうえで、現代の情報社会におけるメディアリテラシーの問題を批判的に検討する必要があります。

情報進化社会におけるリテラシー

現代は、政府の省庁、企業、大学においてＤＸ（デジタル・トランスフォーメーション）対応が推奨され、ＩＴやＡＩの技術を利用することで社会が加速度的に進化していく青写真が描かれています。情報の複製・生成技術は日進月歩であり、チャットＧＰＴという対話型ＡＩは二〇二二年に登場してからわずか二カ月で一億人が使用したとされ、大学のレポートレベルは自動作成可能といわれています。つまり、テーマを設定すれば、インターネット上で検索可能な全世界の論文を駆使してそれらしい内容の文章を作成できるというわけです。こうなると、実際に口頭で試問しない限り、当人が作成したかどうかが判別不能になります。

私たちがインターネットで検索をかければ、その人の嗜好性に合うサイトや広告が上位に出てきます。そうなるようにアルゴリズムが仕組まれているのが、情報資本主義のツールです。私たちは、その端末につながって生活しています。常時接続している人もいれば、一日のうちで時間を決めてつながるだけの人もいます。

そうした情報を読み込めば読み込むほど、偏向した情報とそれらを視聴する人たちとがつながります。アメリカ大統領選で「Ｑアノン」という陰謀論者の広がりが見られ、議事堂の襲撃事件に発展していますし、日本でもコロナ・ワクチンに反対する「神真都《やまと》Ｑ会」という陰謀論者のグループが接種会場に乱入するなどの実力行使を行い、有罪判決を受けています。

新聞やテレビのニュースは本来こうした偏向情報を修正する機能を持つのですが、残念ながら若者から中年世代まで新聞離れが進んでいます。私たちは、まず情報リテラシーをどう身につけるのか考え、そのうえで宗教リテラシーの涵養《かんよう》まで段階的に構想しなければいけない時代に入ったようです。二段構えの宗教リテラシー論が必要とされます。まずは隗《かい》より始めよ、で世の情報なるものを吟味しましょう。

2 宗教とＡＩ

ＡＩを万能視するか、ホワイトカラーの職が奪われると警戒するかなど、世の中はＡＩの真価を見定めることができないでいる。情報の集約的な仕事は取って代わられる。人間の身体を使ってしかできない仕事は残る。さて、宗教者の仕事は、行や儀式を除けば、頭だけでやっているようにも見えるのだが、ＡＩに奪われる職種に入っているのだろうか。

ネットが新聞を駆逐する

私は一日で朝の二十分（『朝日新聞』）、夜の二十分（夕刊と朝刊読み残し）、通勤途中で十五分雑誌などを紙で読みます。さすがに、地下鉄で『中外日報』を開いている人は私くらいですね。大半の人がスマホをじっくり見ています。

総務省の調査によれば、最も利用しているニュース記事の入手元として、二〇一三年では新聞紙が60％近く占めていたのが、二〇二二年ではニュースポータルサイトが70％を占め、新聞社のニュースサイトと新聞紙合わせて20％に達しません。そのうえ、公正取引委員会の報告では、配信サービスを提供するプラットフォーム（ＰＦ＝ヤフーニュースなど）がメディアに支払う使用料は、記事一本千回のページビューで百二十四円だと言います。ＰＦが優越的地位を利用して記事の使用料を不当に低く抑えているのではないかというわけです（『朝日新聞』二〇二三年九月二十二日付）。現在世界中でＧＡＦＡＭなどのＩＴ巨大企業やＰＦ運営業者に対して、デジタル市場における著作権を認め、適正な対価を支払うよう国が動き出しています。

今後のインターネット社会で懸念される三つの問題があります。

①ＰＦにニュースのシェアを奪われて、今後十〜二十年で全国紙と地方紙の廃刊が相次ぐこと。全国の新聞紙の総発行部数は、二〇一〇年には約四千九百万部でしたが、二〇二〇年に三千五百万部、二〇二二年に三千百万部と急速に販売部数を落としています（新聞協会経営業務部調べ）。しかも、月ぎめの新聞購読者を年代別で見ると、三十代は30％、四十代は42％、五十代は61％、六十代は73％、七十代が81％と中高年頼みなので将来は極端な先細りです（二〇一一年メディアに関する全国調査）。新聞社や新聞販売店の打撃は深刻で、朝日新聞社は社員のボーナスを四割カット、給与の一割削減、各種手当の廃止、早期退職者を大量募集した上に購読料を値上げしてようやく

二、三年ひと息つける状況とか（谷田邦一、二〇二三年二月十六日、日本ドットコム）。
②ネット空間ではニュースの質の低下とゴミのような情報が大量発生していること。ページビューを稼ぐために過剰な見出しで読者をひきつけ、使い回し記事やSNS上の論評が大量発生し、取材や情報源のチェックを経た質の保証されたメディアの有料記事が駆逐されています。こうした汚染情報を学習してもっともらしく答えるチャットGPTを使った情報まで加わっていくのですから、広告とひも付けられたタダの情報やニュースの信頼性はいかばかりでしょうか。
③信頼できる情報が減少すれば、陰謀論が跋扈し、私たちの知的能力も減退すること。IT巨大企業やPF運営業者に定額の利用料を毎月支払うことに抵抗がなくとも、月ぎめ四千円の新聞や一冊千円以上の本を高いと感じ、ネットで情報は好きなだけ集められると思い込んでいる人は少なくありません。好奇心の赴《おもむ》くところをAIが先回りしてお勧めし、どんどん偏った情報空間に導きます。そこには利用者の資産を狙うワナが埋め込まれていたり、特異な考え方や団体に巻き込んでいったりするような仕掛けもあります。ネット空間はカルトの草刈り場です。
新聞社や通信社が生み出す情報紙の月ぎめ購読料にはそれなりの価値はあります。書籍も出版社や書店が介在することで法的に問題なく、一定程度の質の保証がなされた情報に私たちは接することができます。私はこのことを学生に口を酸っぱくして説明し、社会学教員ということもあって学部授業では必ず最初の二十分を使ってニュース記事を解説します。

価値には対価が必要

タダより高いものはない。英語でもノー・フリー・ランチという言い方があります。価値あるものを入手しようとすればそれなりの対価が必要です。なぜなら、価値あるものを生み出すにあたって知識や経験、相当の労力が費やされているからです。価値ある情報としての知識も、それを作り出した人への敬意と対価（知的財産権や著作権）によって購《あがな》われるべきです。

現在、これを常識とも良識とも思わない人たちが増えており、生成ＡＩに振り回される日本には滑稽な風景が広がっています。大学生がチャットＧＰＴでレポート課題を作成すれば、自業自得的な結果に将来直面するでしょう。大学において調べて確かめて考えて書くという知的能力を開発する機会を自分から捨てるわけです。小学校や中学校でチャットＧＰＴを授業中に活用するという話も聞きますが、新聞や本を読めない子ども、すなわち情報リテラシーのない子どもたちが汚染情報のまとめから何を学べるのでしょうか。教育のＤＸ化（デジタル・トランスフォーメーション化）には随分と問題があります。

それ以上に私が懸念するのは、信頼できる知識や示唆を提供してくれる専門家への敬意を失うことです。学校教師は子どもの指向性やレベルに合うことをその時点で必要なことを教えるプロです。医療者や法律家、カウンセラーも個別対応の点においては同じスキルの持ち主です。このスキルをＡＩ

で代替しようとするならば、桁違いの費用と個人情報の集積・学習が必要でしょう。その意味で専門家に情報の提供を願うのであれば、対価を支払うことが必要なわけです。実は、そうした専門家に宗教者も加わるべきだと私は考えています。

では、対価を得られる宗教者の専門的知識とはどのような知識なのでしょうか。

宗教者はロボット・ＡＩで代替可能か

京都の高台寺ではアンドロイド観音「マインダー」が安置され、サラウンドサウンドやプロジェクションマッピングを活用して般若心経の説法が行われました（『京都新聞』二〇一九年二月二十三日付）。ところで、マインダーが登場する興味深い実験があります。

実験は、コロナ禍で参拝客が減ったためにわざわざ六週間かけてマインダーが安置された堂と僧侶が説法する堂の二カ所で行われ、男性二百二十八名、女性百六十五名からデータを得ています。被験者に千円を提供し、百円単位で任意の布施を求めました。その後、布施の金額と若干の宗教意識を調べています。全く布施しなかったもの25％、千円布施したもの31％と二極化しました。知見は三点です。

①マインダーを見た参加者（信じる割合が39％）は、人間の説教者を見た参加者（62％）よりも、神仏を信じる可能性が低い。

②参加者は人間の説教者（信頼度の平均３・51）をロボットの説教者（３・12）よりも信頼できると考えていました。
③ロボットの説教への参加者（寄付者の割合68％）は、人間の説教への参加者（80％）よりも、寺院に寄付する可能性が低い。
①は物見高い人がマインダーに集まった可能性があり、そうした人は必ずしも信心深いとは限らない。③については、ロボットはタダ（せいぜい電気で）動いているのではないかと軽く見られ、人間の僧侶にはそれなりの返礼が必要と判断されたかもしれません。一番重要な点は②の信頼性です。
マインダーの方が誰に対しても同じ説法を同じトーンで行い正確・公平です。チャットＧＰＴで作成した内容であるために偏りもないでしょう。僧侶の説法は人によって異なるでしょうし、気分によっても変わるかもしれません。しかし、参拝者は「自分たちに向けて話しかけられている」と実感することに価値を置いているために、正確無比な人工の声よりもブレもある肉声を評価しているのではないでしょうか。そして何よりも高僧の直説・肉声であるからこそ布施に値すると判断したとも考えられます。

この実験は、コンラッド・ジャクソン、カイ・チー・ヤム、ポク・マン・タン、チン・リー、アズミ・シャリフの五名の実験心理学者によってなされた「ロボットの説教を聞くと宗教的コミットメントが下がる」という論文です。高台寺の実験以外にシンガポールの道教寺院でも行われ、そこではＡ

Ｉ音声の説教と同じ内容の説教を人間の説教で参拝者に聞かせたところ、道士の説教の信頼性が高く寄付も多いという結論が出ました。三番目の実験は、オンラインで教会説教を自動音声と牧師の肉声とで比較したものですが、結果はほぼ同じです（Journal of Experimental Psychology・2023 Jul 24. doi: 10.1037/xge0001443）。

ロボットと宗教、ＡＩと宗教というテーマに非常に示唆的な論文であると思われます。私はマインダーを開発された石黒浩大阪大学教授の講演を日本宗教学会で拝聴したことがあります。石黒先生は人間と代替可能なロボットの開発をしているわけではなく、人間固有の特性が何かを、可能な限り人間に似せたヒューマノイドを作ることで探求しているということでした。そして、もう一つ興味深かったことは、認知症の患者さんではＡＩによる人工音声を話すアイボや上半身だけのヒューマノイドでも人間的なコミュニケーションが成立するということでした。介護者が何度も同じことを尋ねられてストレスをためるよりは、一時間でも同じことを繰り返せるロボットの方が良い関係を保てるわけです。幼児のお人形さんの効果と同じですね。人と見立てるには何が必要なのか。認知科学や進化人類学の最前線につながります。

宗教者がロボットに代替されないことがわかったところで、では、なぜ代替されないのか。宗教者の持つ専門性とは何か。ＡＩの知識とはどう異なるのか。最後に試論を述べましょう。

個別性に応じながら普遍性をめざす

対機説法です。相談者の個別性に応じながら普遍的な価値を伝えることです。ＡＩが万巻の書籍をデジタル化し、人類史上の何千億人分の個人史をデータ化して学習したあかつきには個人と価値観、その後の人生がひも付けられる可能性はあります。しかし、それでも社会関係や変動する歴史、気候変動などを条件付けることはまだできません。

一つ示唆をすることで気づきにつながるコトバが宗教文化にあり、そのことを学んで多くの人の人生に向き合ってきた宗教者が発するコトバや雰囲気には力があります。その価値が布施・寄付というかたちになるわけです。これを理解してもらうのが教化といえますが、それがなかなか難しい。

3 宗教と占い・疑似科学

人は「いま、ここ」だけに精神を集中して生を実感することがなかなかできないので、ついつい過去を悔やんだり、将来を心配したりする。世の中には多種多様な占いや、精神的なものが現実化するといってはばからないスピリチュアルビジネスが横行している。リテラシーはここにも必要である。

たかが「占い」というなかれ！

私は占いが好きです。といっても、自分で卦を立てるわけではなく、ひいきの占い師がいるわけでもありません。占いの結果を信じることもありません。人は不都合な予言がなされた場合にそうなるまいと努力するし、好都合なものであればそれを実現させようといっそう努力するという性向があるので、予言は裏切られ、成就されもするのです。

実際のところ、占い・鑑定と称しているものの大半は、未来の完全予測ではなく、実人生へのまっとうなアドバイスであり、お手軽なカウンセリングです。そのことを占術に基づいて話すので神秘的なムードが出てくるわけです。中国では「命」（生年月日で個人の性格・運勢を占う）・「卜」（卦などの象徴物から占う）・「相」（人相・手相・風水などから占う）に、「医」（漢方）と「山」（気功や食事）を加えて五術としています。

私は二十年ほど前に中国の山西省晋中市で相を観てもらいました。「あなたは鉄を扱う商売をしたら成功する」とのことでしたが、経済発展著しい中国ならではのアドバイスでした。私の顎や髪の毛のない後頭部を触りながら「八十歳過ぎに大病するが回復するので心配ない」といった有り難いが気の長い占いを留学生が通訳してくれました。お代は二十元、昼飯代です。

香港中文大学には集中講義で何度か行ったことがあり、その時に香港の黄大仙祠（儒仏道の習合寺院）に行きました。番号を書いた竹棒が入った竹筒を「有求必応」と念じて振ると一本出てきます。その番号を黄大仙答（簽）品哲理中心という百軒を超える占い師の店で告げると占ってくれるのです。店先をのぞきながら歩いていると占い師に呼び止められ、あなたの顔は実に興味深いから観させてくれと招かれました。顔相が江沢民と似ていて、百年前に生まれれば上海で活躍していただろうというのです。江沢民元国家主席は上海交通大学出身で上海市の市長を皮切りに出世街道を上り詰めた人です。しかし、百年前の中国は激動の時代、生き残れたかどうかもわかりませんね。なお、簽は八十番で生年と合わせると今年は中くらいの運勢とのこと。すべて占わせて欲しいという声を振りきり、二十香港ドル（コーヒー代）を置きました。

私は占いを文化やコミュニケーションとして楽しんでいるのですが、昨今の日本では入れあげる人が増えているようです。ずいぶん前になりますが、テレビタレントで元オセロのメンバー、中島知子さんが占い師の女性と同居し、洗脳疑惑や家賃滞納、所属事務所からの解雇などが芸能ニュースで報じられたことがあります。この手の話は私も相談を受けたことがあります。妻が占い師に入れあげ、自宅に戻ってこないので家族が心配し、取り戻しに行くものの本人が占い師の側にいると主張するので引き離せず、警察に相談してもらちがあかない。困って相談したということでした。ご主人には弁護士を通して人身保護請求をしたらどうかとアドバイスしましたが、奥さんが分別盛りの年齢であることと、その占い師が悪質な精神操作を施して奥さんの自由を奪っているという証拠を出せるかどうか、難しい問題です。

占いの本筋を外した占い師や入れ込みすぎる顧客が出てくるのは困りものです。統一教会が一般市民を誘う典型的なやり方が、手相占いや姓名判断、家系図診断などの占いでした。人生も晩年になると人生のオプションや可能性もなくなるので今さら占いでもあるまいといった心境にもなりますが、若い人はその逆なので占いが好きです。中高年の女性も好きな方がいます。女性の方が男性よりも、自分以外の要素、すなわち夫や子ども、親などのケアによって人生を左右される度合いが高いので、自分次第で人生なんとでもなると思い切れないものなのです。

消費者被害としての占い

占いによる消費者被害とでもいうべき事件は頻発しているといわれます。全国霊感商法対策弁護士連絡会は「開運・占いスピリチュアル被害一一〇番」を開設して、無料相談を何度か行っています。典型例の一つは、雑誌広告等を見て開運ブレスレットを購入したところ、業者から顔写真を送るようにいわれ、写真鑑定の結果、「自殺運がある」などといわれて多額の開運商品を買わせられるという悪徳商法被害です。

もう一つは、電話やインターネットによる占いです。利用者は電話やメールで占い師を呼び出し、自分の部屋で悩み・相談事を打ち明け、アドバイスをもらえます。路上で占ってもらう姿を人に見られたくない、薄暗いビルの一室には入りたくないという女性客に人気があります。占い師の方はいかにも占い師や霊能師といった衣装や雰囲気をまとう必要もなく、声色だけで商売できるので楽です。しかも、相談時間やメールの文字数で料金設定を行えば、明朗会計、安心安全に見えます。

ある占いサイトでは、的中率100%をうたい、五十人からの霊能者（霊感・霊視・透視・予知等々）を取りそろえ、相談料金は霊能者ごとに二十分五千円から八千円と相談料の差をつけて技量をにおわせ、占い師一人につき三人ほどの顧客の声（当たった、助かった、儲けたなど）も掲載しています。

メール鑑定、写真鑑定も受け付け、支払いはカードＯＫです。

少々のサイト構築の技術とコミュニケーション力のある人であれば、自宅でサイドビジネスとして手軽に開業できる時代なのです。こうした素人の占い師の動きをプロの占い師たちは苦々しく思っており、日本易学連合会は認定鑑定士資格を発行するなどして質の確保に努めています。おそらく確保すべきは、占いの技量ではなく、顧客に数百万円の負債を抱えさせ、自己破産にまで追い込むような占い中毒者になることがないように、占い師に求められる職業倫理です。

私はいささか悲観的です。占いやヒーリングの業界は統制が効かないくらいに拡大した市場となっているからです。ホストに入れあげて自らが夜の仕事に転職する若い女性の問題などとも共通しています。需要があるからこそ供給も増えます。

まずは供給側の問題点を見ましょう。悪徳業者も問題ですが、それ以上に善意のヒーラーが問題です。顧客は彼・彼女たちの善意を信じ、占いやヒーリングそれ自体の効能をも信じてしまうからです。

ネットの中のヒーリング商法

北海道の自然を堪能しようとして都会から移り住んだ方でヒーリングサロンを開いた方のサイトです。《子育てで、パートナーシップで、家族関係で、友人関係でいろんなシーンで感じる苛立ち、焦り、悲しみ、怒り、過度の喜び、自分に戸惑いを感じたことはありませんか？》

こう問いかけられれば、そうかなと思う女性はいるでしょう。ここでは、量子場調整という何やら重々しいセラピーのメニューがありました。量子場調整とは、後頭部への軽いタッチで顎位（噛み合わせ）と小脳を調整し、トラウマを解放することです。何のことやらわかりませんね。そこで量子場調整なるものを検索していくと、この方の師匠筋にあたる人の施療院のサイトが出てきます。そのオーナーが創案者です。私なりにその説明を翻案すると、こうなります。

大脳に意識の作用があるのと対照的に小脳に無意識の作用があり、小脳は量子を介して不可視の世界とつながっているとされます。生育歴やトラウマ体験などによって顎や小脳には癖がついており、ここを調整することで無意識に働きかけ、こころと身体をよくするとされます。

その施療院での調整は、施術を受ける側が横になり、施術する側は相手の頭の方に回り後頭部を軽く支えて術を施し、施術後、歯の交合、顎位、立位、姿勢の改善を確認するというものです。また、電話で状態を聞きながら、相談者が受話器を持った立位姿勢、歩行運動などから波動量子状態を確認し、電話を切ってもらった後、施療院から遠隔での量子場調整も可能とのこと。料金は三十分八千円ですが、五回、十回の治療回数も必要なようです。鬱病やPTSDをはじめとする精神疾患、生理や子宮関連の不調、アトピー性皮膚炎、喘息、こころや身体の各種トラウマに効くそうです。もっとも、これらは《改善する》とあり、快癒するとは書かれていないのです。

創案者には相当数の弟子がいるようで、施療院をそれぞれに開業しているようですが、施術者になるためには認定資格が必要です。修得すべきワザの詳細はわかりませんが、このセラピーを構成する量子、波動、無意識、意図の現実化という概念が重要であることがわかります。

しかしながら、こうしたセラピー上の概念と、自然科学の概念は同じものではありません。量子とは物理量の最小単位（粒子と波の性質を持つ）です。物理学の場の理論の中に場の量子論がありますが、量子場という概念はありません。波動（wave）は物理量の周期的変化が伝播する現象、要するに波を指しますが、セラピー業界で使われる波動（vibration）は物質に働きかける影響力を指しています。無意識とは意識がない状態（unconscious）や、気を失っている状態ではなく、大脳によって意識化されない深層意識（subconscious）とされるのですが、その存在を実証することはできません。意図の現実化は、意図したことを実現化するスピリチュアルな技法です。

最初に紹介した方のサイトには、心身の不調をつくりだす観念を見つけて解放するクリエイトセラピー、出産や生育時のトラウマ（心の傷となった観念）を癒すセラピーが記載されています。ヒーラーたちは複数のセラピーを適宜使い分けますが、代替医療として用いられるホメオパシーを実施するとも記載があります。

あやうい代替療法

ホメオパシー（Homeopathy）は同毒療法とも呼ばれることがありますが、ドイツの医師によって十八世紀初頭に唱えられたものです。健康な人に与えたら類似の症状を起こす物質を相当程度に希釈して患者に与えることで身体の自然治癒力を引き出すとされます。各種の薬草や鉱物を百の三十乗（兆の次の京の京倍くらい）に水で希釈して砂糖のあめ玉に染みこませたもの（レメディ）をなめることで治るというのです。

この希釈作業が現実に可能であるかどうかはともかく、理論的には元の物質の分子は残っていない程度にはなります。しかし、元の物質の波動が残っていたり、水に物質の記憶が染みこんでいたりするために治癒効果はあるというのです。この理論体系はホメオパシー統合医療専門学校で学ぶことができ、レメディはホメオパシージャパン株式会社が販売します。

日本学術会議と日本医師会はホメオパシーの科学的根拠を否定しています。単なる砂糖飴、舐めて問題ないのは当然であり、良くて偽薬効果（効能があるという気持ちが若干の効能を生む）程度です。

ホメオパシーは代替療法（西欧近代医学に代わるという意味で）の一つで、他に数十の代替療法があって愛好家も少なくないのです。按摩・鍼灸、整体、ヨーガなどはなじみがありますが、玄米食、ハーブ、アロマ、薬膳などの食餌療法や断食療法、臼井靈氣療法（逆輸入のレイキ）、気功などさまざまです。医学的効能が確認されていないものが多いので、適宜使用する程度がよく、それだけとなると治療の機会を逸する恐れがあります。

なぜ人は入れ込んでしまうか

こうした代替医療やヒーリングの社会的背景を考察してみましょう。

疑似科学とは、科学的な物言いや科学的証明を根拠にするものの、実際にはそうではない言説や理屈の類いをいい、教育・健康・心理といった自然科学と人間学が交錯するような領域に多いのです。人文・社会科学ではすべてを説明し、解決するといった誇大理論が生まれにくいし、そもそも科学性を根拠に議論を組み立ててもいないので疑似科学にはなりません。人間の能力を開発する、病を癒す、意識を実現するといった、概念の定義が曖昧で効果を測定しにくいところで各人各様の理論が生み出され、信奉者集団が形成されます。

地球物理学者の池内了氏は『疑似科学入門』（岩波書店、二〇〇八年）において、疑似科学がはやる社会的背景として、①科学への過剰な期待と失望、②観客民主主義を挙げています。現代において科学が相当程度に進歩したことは事実ですが、科学万能を語る科学者はいません。むしろ、研究が進んでいる領域ほど未知の領域や理論と実験・調査法の限界が見えてきます。ところが、メディアはかなりの期待を込めて問題の解明や新技術や製品の開発を予測します。人々は科学に大いに期待しますが、先の東日本大震災において地震予知を期待されて巨額の研究助成がなされてきた地震学や、安心安全・地球温暖化対策の切り札でもあった原子力工学や原子力発電所への信頼を喪失しました。

期待させた方が悪い、期待した方にも責任があるといった議論をしても仕方ありません。科学は絶対的な真理ではなく妥当な仮説を客観的な方法で蓄積しているに過ぎないので、現在の仮説が別の仮説に取って代わることは当然あり得ます。技術にしても然りです。それでは科学や技術は信頼するに足りない曖昧なものではないかという批判も出てきそうですが、それ以外に確実な知識を得る方法がないのです。池内氏は予防措置原則といいますが、予測が不完全である場合に安全策をみなで協議しながら進めるのが最も妥当なやり方だといいます。私も同意します。リスクがあるから問題なのではなく、リスクを知り、それが顕在化したときにリスクを取れるものであればやればよいし、取れないものならやめるべきだということです。そのリスクを正確に市民に知らせるのが科学者の役割です。

自分の身は自分で守る

科学を丸ごと信じるというのは科学的な思考ではありません。同様に政府の景気対策や社会保障政策も丸ごと信じて任せるというのも合理的な判断ではないのです。新聞やテレビニュースで世論調査の支持率（調査会社からの電話に在宅で応じた人だけの回答の集計）をもとに政策の信任を論じていますが、これがただ信頼しているだけなのか、政策をよく理解して託したという信頼なのか、その区別さえもつきません。

自分は素人だし、よくわからないから任せているのであってそのどこが問題なのだと不満を述べる人も多いと思います。しかし、科学や政治一般はまだしも、投資詐欺などの電話に対してこの態度はあまりにもスキが多いといわざるを得ません。依存して最終的なリスクを負わされる可能性があることを知り、自分の身は自分で守ること、善意であっても悪意であってもリスクを人に委ねることになる疑似科学や勧誘の甘い罠に注意することが大切です。

占いやヒーリング、疑似科学的な代替療法などを見ていると、信じすぎ、入れ込みすぎる人を散見します。自分の不安や将来の不確かさを一挙に解決してくれそうに思えるのでしょう。そしてこれしかないとのめり込む。しかし、現代人に必要なものは、先が見通せない状況や不安定さに耐える強いこころを持つことではないでしょうか。そのこころはヒーリングでは入手できないことを説くことも宗教者の役割ではないでしょうか。

宗教にも将来を予見したり、祈願・祈祷で現世利益をほのめかしたり、病気治癒をうたうところもあります。それが疑似科学やスピリチュアルビジネスと地続きでつながっているのか、宗教として質が担保されるものなのかどうか、供給者にモラルを求めるだけではなく、需要する側にもそれらを値踏みし、見定める見識が求められます。リテラシーはここにも必要なのです。

4 宗教と笑い

いわゆるカルトが最も警戒するのが「ユーモア」である。笑いは緊張を和らげるというが、これだという事実認識やこれしかないという規範認識を一瞬にして相対化する。自分を笑えるような感覚の持ち主が増えてくれば、人の不幸を嗤って高見に立つ独善的な教祖やカルトのおかしさも直感的にわかってもらえるような気がする。

北斎と笑い

二〇二三年九月末にすみだ北斎美術館で「北斎のまく笑いの種」という企画展を見てきました。北斎は江戸時代後期の浮世絵師です。「冨嶽三十六景」や「諸国瀧廻り」など芸術的作品以外にも、北斎漫画と呼ばれる人物や動物、植物、建物、風景などの絵手本などがあり、北斎と門人たちは、狂句入り戯画集や錦絵・挿絵を多数残しています。今回の展示では、世間にあふれる多様な笑いの表情や仕草を見事に描き分けた北斎の画才とユーモアのセンスを感じました。

笑いは、嗤いと書くこともあり、この漢字は他者をあざけり笑うさまを示します。岸田首相が「増税メガネ」と嗤われることを気にするあまり、二〇二四年六月に一人あたり四万円の定額減税と非課税世帯に七万円の給付をすることで、現在進行中の物価高の緩和と景気刺激を図ろうとしているのですが、笑えます。九カ月先で間に合いますか？

物価高の一番の原因は円安であり、二〇二一年と比べて二〇二三年は三割もドル高になりました。ロシア・ウクライナ戦争や気候変動などの要因も加わり、原油・穀物などがすべて値上がりしているので、電気代、運輸コスト、輸入資材を使う農林水産物他、日常生活用品のほとんどが値上がりしているのです。円安を是正するべく日本の政策金利を上げれば、税収の不足分を国債で賄う借金財政は利払いで回らなくなるので、選挙目当ての大盤振る舞いはできなくなります。だから、首相は根本的な問題にはふれずに「経済・経済・経済」と呪文を唱えたわけです。

物価上昇分を価格に上乗せできない業種は身を削るしかありません。私の勤務する大学でも昨年来の電気代の高騰や諸物価の値上げに対応するべく、個人研究費が約十万円減らされました。大学に対する運営費交付金と授業料がそのままなので、削るところはまず研究費です。二千人の教員が十万円節約したところで二億円。北海道電力は一年で約30％の電気料金値上げをしているので雀の涙ほどの効果しかありません。早晩、人件費に手がつくでしょう。大学は今後、敷地を貸し付けるか債券を発行するかなど自分で稼ぐことが強いられそうです。大学生の小遣い程度の研究費で国内外に通用する研究を期待されている教員としては、笑うしかないのです。

いささか、生々しい笑いの話になりました。当事者はそれなりに一生懸命なのですが、別の見方や異なる立場から見れば、滑稽です。昨今の日本では、この種の悲しくて滑稽な出来事がいたるところで起きています。

北斎が生きていた江戸時代の後期には、文政・天保の改鋳が行われ、幕府が金の含有量を減らした小判を増やした益金で財政難を賄ったものの、通貨量が増加したことでインフレが生じ、物価の高騰で庶民の生活は混乱しました。その後も幕府は改鋳で財政を立て直そうとしたのですが経済は改善するべくもなく、ええじゃないかの伊勢参りや討幕運動を迎えることになったのです。

浮世絵や狂歌、滑稽本などで浮世の憂さを笑い飛ばしていたのが、十八、十九世紀の江戸だったのかもしれません。もちろん、庶民中の庶民である農民や長屋住まいの職人や物売りが、こうした町人文化の主役や享受者であったわけではなく、下級武士や商人で暇と小金をそれなりに持っている階層が、江戸文化を創造していたのでしょう。

なんだか、今の時代と似ていやしませんか。天変地異は地球温暖化ですし、植民地勢力による脅威も周辺諸国との緊張に対比され、定常的経済の不安定化や社会的な環境変化など、令和は平成と異なる時代になりました。しかし、ええじゃないかの民衆運動や地方から世直しの動きはありません。人々が地方で生きることを強いられた封建時代とは違って、日本は近代的な中央集権の国民国家となり、東京が政治・経済・文化の中枢として人口を吸い上げるので、地方は人材・資本不足に陥っています。東京のキー局が編成したニュースや娯楽の番組でお仕着せの笑いを供せられ、ＳＮＳやユーチューブで他者を嗤う独りよがりの声を聴き続けるのは、精神衛生上よくないですね。笑うことで寿命が延びるとか健康に良いとか言われていますが、笑いの質も重要です。

突然ですが、ここで話を宗教に転換します。現代の宗教に笑いはあるでしょうか。嗤われている可能性はなきにしもあらずですが、宗教者自身が自らを相対化し、世間とのずれや他宗教との違いに気づいて自身の滑稽さに笑えるという感覚を持っているでしょうか。

神仏をちゃかす

江戸の文学史に詳しい小林ふみ子氏によれば、神仏を笑う滑稽本があったようです。御家人で戯作者でもある大田南畝《なんぽ》作の『かくれ里の記』では、恵比寿・大黒・寿老人が隅田川を船で上って北国の吉原詣でをします。芝全交作・山東京伝画の『当世大通仏買帳《とうせいだいつうぶつかいちょう》』では、品川の里で地蔵菩薩・寝釈迦・蛸薬師の三仏が遊ぶ風景が描かれています。『風俗深名帳（絵本神名帳）』という本では、しん・じんと音のつくもののありがたさを説明しており、蝋燭のしん、精進、人参、鰹節のしん、など神尽くしで遊びます。捨てる神、障らぬ神、後ろ神（髪）など、神名帳をちゃかすわけです。

小林氏は、「多少ふざけたくらいで揺らぐような権威ではないので、大いに信頼して遊び尽くし茶化し倒すのが、江戸の作者たちの流儀でした。出版法令で禁じられたわけでもなし、神仏の権威に対して自粛したりはしないのです」といいます（『へんちくりん江戸挿絵本』集英社、二〇一九年）。

現代において神仏を笑う滑稽本はあるでしょうか。二〇一五年にイスラーム過激派によって風刺画家やコラムニスト十二名が殺害されたフランスのシャルリー・エブド紙のように、命がけで風刺を行うメディアはほとんどないでしょう。ライシテ（非宗教化）が国民道徳の精神になっているフランスならではかもしれません。

日本では笑いの要素を極力薄めて滑稽本の味を残して宗教評論を行う島田裕巳氏や中村圭志氏のような人がいます。ちなみに中村氏は私の大学学部時代の宗教学研究室の同級生です。建築学科を卒業してから学士入学した彼ほど語学力があって頭が切れる人を見たことがありません。一年習っただけでドイツ語の原書を読めるようになり、卒業時にはギリシャ語・ラテン語も学習していました。東大大学院の宗教学研究室に進学し、島薗進先生とロバート・ベラーの著作を共訳するなど才能を発揮した人物ですが、大学院修了後、画才があるために絵を描くべく諸国漫遊の旅に出ました。どうにも食えないので宗教評論で糧を得ているという稀代の才人です。

私はこういう人と出会ってしまったために宗教学を早々に諦め社会学に転向しました。頭で考え論を立てるよりも、足で稼ぐ現場型の学問の方が自分に合っていると思ったわけです。なんとか社会学の教員になり、それでも宗教に対する関心は続いたので、宗教社会学という分野で今は仕事をするようになりましたが、出会いは大事ですね。今も書籍を交換する交友を続けておりますが、彼は一年に数冊書くのでどうしても追いつけません。

閑話休題。宗教学者も本来は複数の宗教を比較し、相対化してものを語る職業なので戯作者的な仕事でもあるのですが、学問の世界に足を下ろしたままです。また、宗教の学者を名乗る研究者の半数は仏教や神道、キリスト教、新宗教に籍を置き、当然のことながら自教団を相対化する人は極めて少ないわけです。そうした義理がないはずの研究者も、研究対象の宗教に対して義理を欠くわけにはいかないというわけで「笑い」の要素を持ち込みません。

研究に限らず「信教の自由」と言われると、私たちはどんな宗教であれ敬意を持って接するのが社会常識やリベラルな態度だと考えています。もちろんこれはタテマエです。なので、週刊誌には宗教を嗤うホンネの記事が掲載され、読者は面白がって読むわけです。

こうした建前と本音の使い分けは江戸時代からあったと思われますが、現代において信教の自由は憲法に保障された人権の最たるものであるために、宗教に対する健全な笑いが姿を消し、宴席の嗤いに追いやられているのでしょう。小林氏の言を借りれば、神仏への信心がもう生活に根ざしていない時代では、ちゃかされてしまうと権威がすっとんでしまうのでタブー化したともいえます。宗教への信頼性を欠いた時代であるがゆえの宗教の尊重という逆説があるのではないでしょうか。

宗教リテラシーと笑い

私は日本において宗教リテラシーが極めて低くなってしまった理由の一つがここにあると思っています。つまり、笑いを消した公的世界だけがすべてと思い込む宗教者や教団が、自身を相対化する視点を欠き、他宗への批判もしない代わりに他宗からの批判はもとより、無宗教者からの批判を宗教弾圧といって決して許さない。宗教を笑う良質の滑稽本に恵まれない市民は宗教を理解する機会を失い、無関心と恐れでしか宗教に対応できなくなっているのではないでしょうか。「カルト」への脆弱性は、免疫力が低いことに原因があるのであり、外から邪悪なウィルスが襲ってくるとか、マスクで防御することで防ぐという発想が妥当なものかどうか、もう一度考え直してみる必要があります。

二〇一〇年に私が中西尋子氏と共著で出版した『統一教会—日本宣教の戦略と韓日祝福』(北海道大学出版会)を紹介した『週刊ポスト』の記事が、統一教会によって名誉毀損とされ裁判で争われました。私は東京地方裁判所で証人尋問を受けたことがあります(60頁参照)。学術的な議論は、公開討論や書籍の刊行といった方法がふさわしいのですが、裁判になるわけです。

こうしたことがあるために、社会問題化した教団であっても実際に調査をし、研究成果を公刊するような研究者はほとんどおりません。私がカルト問題の研究をしているために、この一年はずいぶんとメディアに登場することになりました。『統一教会─性・カネ・恨《ハン》から実像に迫る』（中公新書）も新たに書き下ろしました。世界平和統一家庭連合は七十八頁に及ぶ反論の文書（教説部分のみ）を公式ホームページに掲載しており、書籍を学術的根拠に基づかない偏見の書籍と断定しています。笑いを怖れているのです。

5 宗教と芸術

寺院と庭の関係は深い。庭園でなくとも丹念に植栽され、掃き清められている庭には精神性を感じる。見えないものを見えるものを通して表現しているからである。芸術も見えないものをかたちにして伝えようとしている。そうした佇まいの落ち着きに安寧と人間の創造性を感じる。

「絵はつまりたるがわろき」

二〇二三年十月に出光美術館で「江戸時代の美術――『軽み』の誕生」を見てきました。展示作品は、室町時代から江戸時代まで四百年にわたって時の政権の御用絵師を務めた狩野派のやまと絵や水墨画、江戸琳派の俳画や工芸作品などです。

京都から江戸に移って狩野派の地位を不動のものにした狩野探幽の作風は、大阪城、名古屋城、江戸城の障壁画に代表される豪壮なもの尽くしのやまと絵です。他方で大徳寺のふすまに水墨画を描いたり、墨の濃淡と余白で花鳥風月を軸物にしたりするなど幅広いものです。展示資料によれば、探幽は、後水尾天皇に対して「絵はつまりたるがわろき」と語ったといわれます。「画面にすべてを描きつくすのはよくなく、ゆとりや隙を感じさせるようにするべきだ、と。このような価値観は、絵画の領域だけに当てはまるものではなく、軽みを追求した蕉風俳諧の理論などとも通いあいながら、江戸時代を広く覆ったものだった」とのことです。

つまらないとは、「詰まる」の反対の状態なので本来は思考や行動に行き詰まっていないことを示していたものですが、現在は面白くないことや価値がないという否定的な語義になっています。探幽はむしろ、「詰める」「尽くし」になってしまうことで見る人の想像力をかき立てないことに妙味がないと言ったのです。

俳句もそうですね。わずか十七文字に想像力を駆使しないと風景は浮かんできません。読む人に応じて無限の心象風景を生み出します。「閑さや　岩にしみ入る　蝉の声」「荒海や　佐渡に横たふ　天の川」「旅に病んで　夢は枯野を　かけめぐる」それぞれ、山形県の立石寺《りっしゃくじ》、新潟県の出雲崎、大阪久太郎町南御堂での病中吟とされています。

展示の後半は、松尾芭蕉の俳画、江戸琳派の酒井抱一の屏風絵、野々村仁清の陶器でした。琳派の創始者の一人とされる本阿弥光悦については後半にふれましょう。

目には見えない本質的なことがらを想像させることを「つまらない」「軽み」と表現する日本の芸術は、侘びさびや枯山水の世界にも通じます。私の生業である研究では、「濃縮された」「重厚な」論文や書籍が良しとされます。逆ですね。この評論はその中間あたりで「行間の世界」を作ろうとしているのですが、私にそのセンスがあるのかどうか怪しいところではあります。

さて、宗教と想像力は大いに関係します。

不可視化と可視化の間にあるもの

宗教には、宇宙の真理を捉えようとする超越的な認識の側面と人間や社会の真実を捉えようとする描写的・叙述的側面があります。前者は超越的な存在である神や仏についての語りや表現になり、本質的に不可視で語られないものとして秘密にされることもあれば、人間の想像力を駆使した造形美術になることもあります。後者は超越者からの語りとして教典になります。教典もまた人間の想像力によって超越者の働きを事細かに叙述しながら、社会の秩序や人間の道徳を説きます。

今日、宗教画、神像や仏像、悟りの世界を象徴する曼荼羅などを鑑賞すると、信者でなくとも宗教芸術として心がうたれます。私は美術館や博物館に行くことが好きなのですが、見えないものを可視化しようとする人々の想像力と労力に驚嘆し、それでも描ききれないものに心をはせます。これらは視覚的な刺激によって自身の内面にある宗教性が活性化させられているのかもしれません。

宗教文化は本来見えないことがらについて語ることが多いので、どうしても造形物を用いながら人々を刺激し、想像力をかき立てるのでしょう。逆に言うと、想像力の働く余地がないほど思考や行動のパターンが規範化・制度化されてしまうと宗教性が失われます。「間」や「軽み」は、宗教文化に必要なものであるし、それがあれば芸術作品としても優れたものになるわけです。だからこそ、宗教家や宗教制度は職人や芸術家のパトロンになりました。

優れた作品には精神性や宗教性を感じます。それがなければただのモノです。では私の趣味である抹茶と茶碗の話に移りましょう。

始祖にふさわしき本阿弥光悦の異才

本阿弥光悦は、戦国時代の世に生まれ、京の裕福な町衆として徳川家や前田家とも付き合いました。刀剣の鑑定や研磨の家業で前田家から二百石の扶持をもらうほどでしたが、書・陶芸・蒔絵などの工芸作品にも異才を発揮した人物です。書は日本の三筆に数えられ、残存する茶碗の一つ「不二山」や舟橋蒔絵硯箱は国宝に指定され、俵屋宗達と共に琳派の祖と言われています。茶は古田織部に習い、やきものは楽家との交流で覚えたとされます。

当時の京都の町衆には日蓮法華宗が多かったとされ、本阿弥家も法華宗でした。鎌倉・室町時代においては権門仏教の勢力が非常に強かったのですが、新興仏教の宗派は下級武士や商人・職人・農民の間に広がりました。法華経に説かれた誰でも仏になれるという教え、唱題の易行、現世利益をもたらす祈祷は商工業者に好まれました。

光悦は徳川家から拝領した洛北鷹峯に町衆や職人を連れて光悦村なるコミューンを作りました。そこで光悦は種々の職人たちと交流し、作品作りを行ったとされます。現在は、南丹市園部町が「光悦村」の名称で道の駅を開設し、工芸作家などを招き入れる物づくり団地を造成しています。

また、光悦は尾形光琳・乾山兄弟とも遠い姻戚関係があり、楽家五代の宗入とも従兄弟関係にあるなど法華・町衆ネットワークの中心にあった人物なのですが、「一生涯へつらい候事至てきらひの人」で「異風者」（『本阿弥行状記』）という評があります。琳派の特徴として親族による工房ではなく、突出した個性の持ち主たちの影響関係による流派らしいので、光悦は始祖にふさわしい人物だったのでしょう。

世の常識にとらわれぬ光悦茶碗のすごさ

光悦は自身で土をこね、茶碗を造形した後、最初は楽家に釉薬がけや焼成を依頼したといわれます。楽家では代々当主が楽吉左衛門を名乗り、千利休の子孫である町人茶道の家元である三千家（表千家、裏千家、武者小路千家）の好みものを作るなどして和物茶碗作りでは別格の扱いを受けてきました。

楽焼きは、轆轤《ろくろ》を使用せず、手とへらだけで成形する「手捏《づく》ね」で成形した後、八百度ほどの低温で焼成した軟質施釉陶器です。そのため、焼き上がった陶器の肉厚の部分には空隙が生まれ、それを釉薬で覆っているのですが、軽くて熱伝導率が低いためにお湯を入れても持つ手が熱くならないという特徴が出ます。それに対して、高温焼成して焼きしめる備前、信楽、丹波などは、土の中の長石が融けて土の粒子の間を埋めたり、わら灰の自然釉がかかったりします。より自然任せの雅味があります。

歴代楽吉左衛門の茶碗は、新作では数百万円、古美術店でも状態の良いものは百万円からは値が落ちない高級品ですので私の手には入りません。そこで、楽家四代の一入のもとで働き、加賀国で窯を開いた大樋長左衛門の楽焼き脇窯の大樋焼の茶碗あたりが手頃ということで、九代大樋長左衛門の黒楽茶碗と十代大樋長左衛門（大樋年朗）の飴釉茶碗を手に入れ、普段使いで茶を飲んでいます。

この飴釉茶碗が光悦写しで、たぶん飴釉楽茶碗の「園城《おんじょう》」か「何似生《かじせい》」の写しではないかと思われます。楽茶碗のわりには薄作りなので、お茶を点てて手のひらで包むように持ったときに比較的熱く、高台が底にめり込むように作ってあるので、片手で持ってお湯を捨てるときに滑りやすいという難点があります。手取りが軽く、造形的にも美しいのですが、あまり実用的ではありません。大樋年朗氏の芸術性を重視した作風が出ているのでしょう。その点で父親の九代の方は茶道具として申し分なく作られておりますね。

私は「七里」か「不二山」のように胴から腰にかけてストンと落ちている形が好きなのですが、これらの写し茶碗も実用的ではないかもしれません。織部などもそうですが、造形的に斬新なものは実際には使いにくいというところがあります。

ともあれ、光悦茶碗のすごさは十五代の楽吉左衛門氏も一冊の本を書き上げるほどであり、「世の常識にとらわれず、人々の意表をつく自由闊達な精神」に生涯魅せられていると言います（楽吉左衛門『光悦考』淡交社、二〇一八年）。

出口王仁三郎が茶碗を作陶したわけ

以前、亀岡で作陶している佐々木虚室氏を訪ね、楽長次郎や光悦の写し茶碗を数万円の手頃な値段で作っている理由を尋ねたことがあります。世にある名碗といわれるものは、かつては財閥、現在では美術館が所有するものであって、一般人は鑑賞するだけです。実際に手に取って使ってみてこそお茶が味わえるのではないかということでした。私は、歸來窯の作品として作られたラピスラズリを釉薬に混ぜた碧釉茶碗をもとめました。黒の釉薬と紺碧のラピスラズリを合わせると色彩としては碧に見えます。

この歸來窯（昭楽窯）は大本《おおもと》の出口王仁三郎と深い関係があります。彼は松楽窯と命名し、ここで楽茶碗を作陶しました。そのほとんどは信者に分け与えられたのですが、戦後に備前焼の金重陶陽や美術評論家の加藤義一郎によって紹介され、天衣無縫の南国風の彩色から「耀盌《ようわん》」として知られるようになりました。

第二次大本事件後六年余り拘置された王仁三郎は、一九四二（昭和十七）年に治安維持法違反無罪判決を得て保釈され、一九四四（昭和十九）年から信者であった佐々木昭楽の窯で一年三カ月の間に約三千個の楽茶碗を作陶したとされます。弾圧事件によって教団施設を破壊され、信者の支援金によって裁判闘争を継続してきた晩年の王仁三郎にとって、お返しが楽茶碗であったのかもしれません。

大本では歴代教主が作陶し、信者たちが裏千家の茶をたしなむなど芸道と信仰との関わりを重視している教団です。実のところ、私がお茶を始めたのは、十年近く前、最初に亀岡の天恩郷大本宣教センターを訪問したときに茶室でお茶を供され、点前の落ち着きぶりに感銘したことがきっかけでもありました。その後、綾部の梅松苑にある鶴山居で茶席にも招かれ、王仁三郎手製の茶器で茶を飲みました。

宗教と芸術の関係は深いものがあります。それは、見えないものを見たり、感じたりしたいという人間の想像力と、天才的な創造性を発揮した傑物によってつながるものなのでしょう。

おわりに

簡潔に、平明に統一教会問題を解説するというのが本書の目的でした。皆様、読後感はいかがでしょうか。まだ一気に読み通すことはできない。統一教会のことだけを知りたいのに、どうして他の宗教のことや歴史、現代社会のことなど、あっちに行きこっちに行きしながら考えなければいけないのか、と思った方もおられるでしょう。

「つまらないこと」が大事なのではないでしょうか。真理か、真理でないか。事実か、虚偽か。カルトか、宗教か。許容されざる社会問題か、そうではないのか。そこには間があります。間を置かない二元的・二項対立的な世界観や認識の枠組みは、分かりやすいのですが、危うさもあります。これは学習だけで分かるものではなく、自分で経験して身にしみるものかもしれません。

私は、宗教を学ぶよりも宗教の学を学び、そこで実践されている宗教行為の意味世界を長年観察し、考えてきました。一つの宗教を語るためには、二つ以上の宗教を調べて比較することでより特徴が分かってきます。統一教会のことを知るためには、エホバの証人と併せて戦後の教団史を比較してみることで分かることがありますし、他の伝統宗教と比べてみても新宗教としての特徴がさらに見えてきます。しかしながら、現実世界において複数の宗教を体験して比べるということはなかなかできません。ですから、一つの宗教に身を置きながらも、他の宗教のことは書籍で読んだり、人の語りを聞いたりして理解していくしかありません。それでも、自分の考えや自分の所属している集団を相対化するという感覚が重要です。

統一教会問題に巻き込まれてしまった方々と現在支援で関わっている方々、これから何らかの形で関わりたい、自分事として宗教の問題を考えてみたい方にとって、この本が何らかの形でお役に立てたのであれば、筆者としては望外の喜びです。

本書の制作にあたって、興山舎社主の矢澤澄道氏からご支援を賜り、また『月刊住職』の編集部のみなさま方にとても丁寧な編集や校正を得たことを記して感謝申し上げます。『月刊住職』は全国の寺院住職に向けた月刊誌であり、興山舎刊行の書籍は仏教関係の書籍です。その中に、統一教会問題の書籍を含めるのは異例なことであり、時宜にかなった出版とはいえ、読者をどのくらい獲得することができるのか、難しい決断もあったのではないかと推察いたします。しかし、日本の仏教界においてもしかと統一教会問題に向き合い、宗教としての規範性や倫理を示していくことが大切ではないかという著者の思いに共感していただきました。

私が統一教会の研究を始めてから三十五年になります。この書籍が、私の四十冊目の著書・編著となったことに感慨を覚えながら、擱筆します。

二〇二三年十一月二十一日

櫻井 義秀

【参考文献】

統一教会に関する詳しい参考文献リストなどは著者の書籍に譲りたいと思います。ここでは、現在、手に入りやすい基本的な書籍のみ紹介します。

浅見雅一・安廷苑『韓国とキリスト教―いかにして国家的宗教になりえたか』中央公論新社、二〇一二年
荻上チキ編『宗教2世』太田出版、二〇二二年
郷路征記『統一協会の何が問題か―人を隷属させる伝道手法の実態』花伝社、二〇二二年
櫻井義秀『霊と金―スピリチュアル・ビジネスの構造』新潮社、二〇〇九年
櫻井義秀・大畑昇編『大学のカルト対策』北海道大学出版会、二〇一二年
櫻井義秀編『カルトからの回復―心のレジリアンス』北海道大学出版会、二〇一五年
櫻井義秀『信仰か、マインド・コントロールか―カルト論の構図』法藏館、二〇二三年
島薗進編『これだけは知っておきたい統一教会問題』東洋経済新報社、二〇二三年
鈴木エイト『自民党の統一教会汚染―追跡3000日』小学館、二〇二二年
世界基督教統一神霊協会『原理講論』光言社、一九六七年
山口広・佐高信・川井康雄・阿部克臣・木村壮・中川亮・久保内浩嗣『統一教会との闘い―35年、そしてこれから』旬報社、二〇二二年
山口智美・斉藤正美『宗教右派とフェミニズム』青弓社、二〇二三年

著者紹介

櫻井 義秀 *Sakurai Gishuu*

1961(昭和36)年、山形県生まれ。北海道大学大学院文学研究科博士課程中退。2004年から北海道大学大学院文学研究院教授。専門は比較宗教社会学。近著(単著・編著)に、『これからの仏教 葬儀レス社会』(興山舎、2020年)、『統一教会―性・カネ・恨(ハン)から実像に迫る』(中公新書、2023年)、『創価学会―政治宗教の成功と隘路』(法藏館、2023年)、『信仰か、マインド・コントロールか―カルト論の構図』(法藏館、2023年)などがある。

初出誌

本書は『月刊住職』(興山舎刊)の2022年9月号から2024年正月号までの連載をもとに再編集・再構成したものです。また、拙著『人口減少時代の宗教文化論—宗教は人を幸せにするか』(北海道大学出版会、2017年、品切れ絶版)の3章3節、4章3～6節と、拙著『統一教会—性・カネ・恨(ハン)から実像に迫る』(中央公論新社、2023年)の5章一部と内容が重複している箇所があります。

明解 統一教会問題
宗教に無関心の人も宗教者でも知らなかった事実

2024年2月10日　第1刷発行

著者Ⓒ　櫻井 義秀
発行者　矢澤 澄道
発行所　株式会社 興山舎
〒105-0012 東京都港区芝大門1-3-6
電話 03-5402-6601
振替 00190-7-77136
https://www.kohzansha.com/

印刷
製本　株式会社 上野印刷所

ISBN978-4-910408-49-1　C0015
定価はカバーに表示してあります。
落丁・乱丁本はお手数ですが、小社宛にお送りください。
送料小社負担にてお取り替えいたします。

叢書／仏教文化の世界

済州島の巫俗と巫歌
韓国の民間信仰 論考篇 資料篇 2巻揃い
張籌根 著（元東大教養学部客員教授）

日本の仏教や古代中世の儀礼の意味が済州島に息づく祈りの儀礼と歌「ボンプリ」の日本語完訳で初めて明らかにされた
A５判上製函入り／論考篇458頁・資料篇396頁 一一〇〇〇円（税込）

仏陀の足跡を逐って
ルネ・グルッセ著
濱田泰三訳（早稲田大学名誉教授）

20世紀フランス最高の文明史家がインド仏教求道の軌跡を余すところなく捉える名著。玄奘や義浄らの求法に驚く
A５判上製／三九七頁 四一八〇円（税込）

現代の彼岸を歩く
人は死んだらどこへ行けばいいのか
佐藤弘夫 著（東北大学大学院教授）

増刷
日本思想史の第一人者が日本列島の数多の霊場を訪ねて如何に弔われてきたのか解明した「激変する他界観の正体」
四六判／三三六頁 二四二〇円（税込）

排泄も徘徊も大丈夫！お坊さんケアマネの実話
認知症を幸せにするケース45
日髙明 著（大学講師・社会福祉士・僧侶）

古民家を再生した高齢者施設での卓越した介護実録で人間の感動的実相を学ぶ。序文は釈徹宗住職（相愛大学学長）
四六判／二八〇頁 二五三〇円（税込）

子育てから看取りまでの
臨床スピリチュアルケア
井上ウィマラ 著（日本仏教心理学会前会長）

どんな言葉が人を癒すのかが解る実用書。多くのケースと最新理論に基づく臨床仏教マインドフルネスの実際を解説
四六判／二八〇頁 二四二〇円（税込）

これからの寺院コンセプト
みんなに喜ばれるお寺33実践集
未来の住職塾 塾長 松本紹圭／講師 遠藤卓也 共著

全国各宗派33カ寺の住職・副住職・青年僧・坊守など35人の活躍を知って自分のお寺が必要とするものが明確に判る
四六判／三一二頁 二五三〇円（税込）

露の団姫の仏っちゃけお笑い問答
みんなを幸せにする話し方
露の団姫（つゆのまるこ）著（落語家・僧侶）

人生はすべて話のネタになる。人気沸騰中の仏教落語家ならではの語り口で人を和ませる話し方のヒント満載の35話
四六判／一九八頁 一八七〇円（税込）